自社の経営状態が
タイムリーにつかめる

試算表の教科書

小磯勤哉 著

セルバ出版

はじめに

本書を手に取っていただき、ありがとうございます。

単刀直入に伺いますが、普段、あなたは「試算表」を見ていますか？

世の中に出ている経営者の方々に向けた会計の書籍は、「決算書」に関するものがほとんどです。

「決算書の見方」をテーマにした書籍はたくさんあるのですが、「試算表の見方」をテーマにしたものはそれほどありません。

もちろん、決算書はとても大事なものです。でも、実は試算表も、非常に大事なものなのです。なぜなら、試算表は「毎月の会社の健康診断書」だからです。

会社経営は、毎月コロコロと状況が変わっていくものなので、できるだけ短いスパンで自社の健康状態を把握していただく必要があります。

そのほうが、経営者の方にとってプラスになることは間違いありません。

わたしは税理士として、毎月経営者の方々と試算表を通じてさまざまなお話をしています。

そんなわたしが本書を書こうと思ったきっかけは、まさにこの試算表というものをもっと知っていただきたい、と思ったことです。

実際のところ、試算表をきちんと理解されている経営者の方は、決して多いとはいえません。

試算表には「前残高」・「借方」・「貸方」・「当月残」という4つの欄があるのですが、この数字のしくみを知り、貸借対照表（B／S）と損益計算書（P／L）をしっかりと見ることで、さまざまなことが見えてきます。

しかも、決算書は年に1回ですが、試算表はもっと短いスパンで自社の財務状態を見ることができます。

月次決算を行えば、毎月自社の数字を見られるので、もっとたくさんの、タイムリーな情報を把握することができるのです。

普段わたしが経営者の方々と接するなかで、

「もっと頻繁に、もっと深くコミュニケーションをとりたい…」

と思うことがたくさんあります。

そのためには、やはり試算表を通じたコミュニケーションが欠かせません。経営者の方には試算表を理解していただき、同じ目線でお話がしたい。そんな想いを常々持ちながら、税理士という仕事を続けてきました。

税理士の仕事の1つは、お客様を訪問した際、決算書をもとに、「ここは、このように見るのですよ。だから、こうなりますよね」といった話をさせていただくことですが、理想はすべての経営者の方々に試算表を見ていただける状態をつくることとです。

理想というよりも、「夢」なのかもしれませんが…。

すでにお伝えしましたが、毎月試算表を見るということは、毎月試算表をつくることとイコールであり、月次決算を行うということです。

この月次決算も、発生主義で計上し、減価償却費も入れて…といった形できちんと行うことが大切です。

そのうえで完成した試算表を、経営者の方々がきちんとつかめるようになってほしいのです。

わたしは、経営者の仕事はたった1つであると考えます。それは、「決めること」です。その決めたことを経営者自身が実行することもあれば、従業員が行うこともあるでしょう。

そして、わたしの仕事は、その手助けをさせていただくことです。つまり、出てきた結果を経営者にご理解いただけるような形でお伝えし、いくつかのご提案をさせていただくことだと考えています。

試算表は、まさにそのためのツールです。その試算表から見えてくるものを経営者の方へきちんとお伝えし、その情報をもとに決めていただく。

そのためには、経営者の方にも試算表をご自身でつかめるようになってほしいのです。

そして、コミュニケーションを取るなかで、たとえばわたしが、

「少々費用が多いので、接待交際費を少なくしたらどうでしょうか?」

といった、試算表から読み取れるいくつかのご提案を行い、経営者の方が選択する、という形が望ましいのではないでしょうか。

本書を読んでいただきたいのは、経営者の方々だけではありません。企業の経理担当者や財務担当者の方々にも、さらには、金融機関の融資担当者の方々にも読んでいただければと思います。なぜなら、借入の審査をする際には、かならず試算表を見ることになるからです。

取引企業の財務状態がどうなっているのかを正確につかむために、本書を読んで試算表への理解を深めてほしいと願っています。

詰まるところ、本書を読んでいただきたいのは、試算表から情報を得たいと思っている方々すべて、ということになります。

もう1つわたしの願いをお伝えすると、本書を読んで、

「これほどたくさんの情報が得られるのか」
「もっとこんなところを見なければいけないな」
と、試算表を見ようと思っていただくことです。

読んでいる最中、思うところがあってすぐに試算表を見ていただけるということになれば、著者冥利に尽きます。

実際、試算表の見方がわかると、さまざまな恩恵を得られます。

たとえば、何らかの改善策がかならず見つかるでしょう。改善策が見つかれば、経営者の方は次にどんな手を打てばいいのかが、自ずとわかってくるはずです。

ひいては、会社決算の向上、成長、経営の安定につながってくるでしょう。

何よりも、試算表を見ることによって、かならず経営者の行動が変わります。なぜなら、経営課題がわかるからです。

ある大手企業の調査によれば、毎月試算表を見るために月次決算を行っている企業としていない企業とでは、月次決算を行っている企業のほうが、黒字の割合が高いとのことです。

さらに、月次決算を行ったうえで計画を立てている企業、立てていない企業を比較すると、計画を立てている企業のほうが、黒字率が高いというデータもあります。

やはり、月次決算と試算表の作成によって現状をきちんと把握し、未来も見えている企業は、業績がよくなるのでしょう。

試算表には、企業にとって大切な情報が詰まっています。

本書を通じて、社長にとっての大きな味方である試算表の見方を理解し、経営の改善に活用してみませんか。

1人でも多くの経営者の方々が、月次決算と試算表の重要性を感じていただければ、とてもうれしく思います。

小磯 勤哉

2024年5月

自社の経営状態がタイムリーにつかめる　試算表の教科書　目次

第2章 試算表作成には月次決算を実行しよう

第3章 「仕訳」で知る試算表

第5章　原価の計算方法を理解しよう

第6章 あなたの会社は健康？ メタボ？ 試算表を視覚で理解する

第1章　試算表の正確な見方をマスターしよう

1　月次試算表は黒字倒産しないための処方箋

経営の安定のために、月次決算と試算表は欠かせない

昨今では、コロナ融資を受けたものの、返済期限が到来したときに返せない状況に陥っている企業が少なくないと聞きます。

決して赤字であったわけではなく、返済するための現預金が足りない、いわゆる「黒字倒産」といわれる状況に陥っているのです。

よく「勘定合って銭足らず」といわれますが、利益は出ているものの、その利益で借入の返済を賄えるだけのキャッシュフローが生まれていないという状況です。

たとえば、借入利息の返済は損益計算書（以下、P／Lと略称）に費用として計上されますが、毎月50万円、１００万円を元本として返済していても、P／Lにはあらわれないのです。

一方で、借入金元本が計上されるのは貸借対照表（以下、B／Sと略称）です。この借入金元本の返済額をB／Sで毎月50万円、１００万円返済していることを把握できれば、勘定が合わずに倒産してしまうことはありません。

赤字でも倒産しない会社がいくらでもあるのは、返済できるだけのキャッシュがあるからです。

いくら黒字でも、キャッシュがなければ倒産してしまいます。

もっとも、コロナ融資の返済期限が到来したところで借り換えができる融資も登場しているため、返済できなければ借り換えすることも可能であり、倒産に至らない会社も多いでしょう。

でも、そんな状態をいつまでも続けていては、経営は安定しません。

早く自転車操業を脱するためにも、キャッシュに対する手当もしっかりと行う必要があります。

そのために必要となるのが、月次決算であり、その結果を反映した試算表ではないでしょうか。

試算表を活用する経営者が増えてほしい

世の中の経営者の方々に、普段決算書と試算表のどちらを見るかと聞けば、決算書を選ぶ人が多いでしょう。でも、月次決算を行った結果の月次決算書（試算表）も絶対に見てほしいものです。

もちろん、1年間の活動結果を振り返り、次の期へつなげていくのは有意義なことですが、もっと短いスパンで見るのも大事なことです。

決算書も試算表も数字の羅列ですが、健康診断の結果表と同じようなものでしょう。決算書なら年に1回ですが、試算表なら毎月の健康診断を行うことで悪いところが早く見つかり、早く改善することができるからです。

しかも、経営者自身が自社の数字を正確に見られるようになれば、対応も早くなり倒産は少なくなるでしょうし、経営者の夢や目標達成への近道が発見でき、日本の経済がもっと発展する要因の1つになり得ます。

これはわたしが常日頃から思っていることであり、わたしの夢でもあるといっても過言ではありません。

本書を読んでいただいた経営者の方々が、これまでは月次決算をしていなくても月次決算の必要性を感じ、毎月の試算表を毎月確認したくなる。本書をきっかけにそんな気持ちになっていただければ、このうえなくうれしく思います。

一方で、試算表を真剣に読む経営者さんもいます。そのような方々に理由を聞くと、毎月の自社の経営状況がどうなっているのかが気になるからと答えていて、むしろ「試算表の正確な見方」を知りたがっています。

自分で見ているだけではわかりにくく、見落としていることがあるのではないか…と不安に思っている人は多いでしょう。

ですから、

「試算表は気になるけれど、どのようにチェックすればいいか知りたい」

と思っている経営者の方々のために、「どの数字を、どのように見れば何がわかるのか」については、経営分析の話を交えながら第6章で説明します。

2 「試算表」とは

経営面でも対金融機関でも、毎月試算表を作成するのがおすすめ

「試算表」とは、決算の確定作業に入る前段階で作成する集計表のことをいい、仕訳帳から総勘定元帳へ正確に転記されているかを検証するためにも役立ちます。

本来は、仕訳が正しく行われているかなどを確認するために作成されるものですが、それ以外にも役立つ場面が多いのです。

試算表には、期首から一定期間経過した時点の資産や負債、売上や経費、利益などが記載されるため、企業の「現在の」経営状態や業績を把握することができます。

また、前年度の試算表と比較することで、業績が順調に伸びているかを確認することも可能です。

定期的に試算表をチェックすることで、業績が振るわないときに迅速な経営改善を進めることもできるでしょう。

なお、資金調達を行う際には、金融機関から試算表の提出を求められるのが通例です。もちろん決算書のほうが信頼性は高いのですが、年に一度しか作成されないものなので、最新の経営状態や業績の推移がわかる試算表のほうが判断材料として適切だからです。

金融機関は、試算表の残高や損益などから財務状態や今後見込める売上を確認し、融資の可否や融資可能額を検討するため、試算表の作成は非常に重要といえます。

試算表は、毎月作成するのが理想的です。タイムリーに経営状態などを把握するためにも、月次決算を行うことをおすすめします。

3　試算表を見るメリットはたくさん

よりタイムリーに会社の状況がつかめる

自社の数字をあまり正確に見たくない…と思う経営者の方もいらっしゃるかもしれませ

ん。

実際、怖いですよね。怖いからこそ「見たくない」と思う気持ちはわかります。健康診断へ行きたくない、と思うのと同じような気持ちでしょう。

「悪いところが見つかるのが怖いから、健康診断には行きたくない、病院へ行きたくない」という気持ちになりますよね。

会社の数字も同じで、嫌なもの、悪いところが見えてしまうのが怖い、だから見たくないと思う…。

でも、それでは本末転倒です。悪いところがあれば早めに対処することで、さらなる悪化を防げるはずです。

試算表には、「前残高」、当月の各勘定科目の「貸方」・「借方」、「残高」の4つの欄があります。試算表をきちんと見ていくことで、決算書とは違った見方ができるようになるのではないでしょうか。

世の中に出回っている決算書の見方を書いた本には、巻末に大企業の決算書が載っていることが多く見られます。

でもそれはどちらかというと、会計に関わる人ではなく投資家に向けた企業評価法に重きを置いているのではないか、と思うこともあります。

一方で試算表は、中小企業の経営者が自社の現状を知るためのものです。ですから、本書をもっとも読んでいただきたいのは、中小企業の経営者なのです。

試算表は毎月最新のものを見るべきであり、そのためには精度の高い月次決算を行う必要があります。前年との比較をしっかりと行い、また事業計画をしっかりと作成したうえで、前年対比や事業計画との乖離まできちんと把握することができれば、それに越したことはありません。

ところが、月次決算の重要性は理解できていても、実際にそこまでできている中小企業はそれほど多くはないとお見受けします。

でも、月次で試算表を見るメリットはとても大きいのです。ぜひ月次決算を行い、よりタイムリーに会社の状況をつかむようにしましょう。

いざというときに、金融機関と試算表の共有ができる

中小企業の経営者の方々だけでなく、金融機関にお勤めの方々もまた試算表を日常的に見ておられるでしょう。融資先であるお客様の経営状況を確認し、融資の審査の判断材料として、必要だからです。

金融機関は、とくに中小企業にとっては欠かすことのできない大切な存在です。なぜな

ら、中小企業が成長するには、金融機関の融資が必要不可欠だからです。

応援団である金融機関に味方になってもらうには、やはり融資先である金融機関に対して、試算表を作成してきちんと情報を共有することが大切です。

金融機関も、融資の審査や保全などで決算書だけでなく試算表の提供を要請することも多いのです。ですから、経営者の方々もどうすれば融資を受けられるのか、その実現にむけて具体的に、的確に対処していくためにも試算表を読めるようになって、日常的に経営状態を把握していく最新の試算表を作成することが必要です。

試算表を見る観点は異なりますが、試算表を見るという意味では、金融機関の新入社員など経験の浅い方にもご参考にしていただけるかもしれません。

4　試算表特有の見方を知ろう

試算表特有の基本フォーマットを覚えておこう

決算書も試算表も、基本は同じです。つまり、B／SとP／Lそれぞれの残高があるという点で、根本的な違いはありません。

ただ、フォーマットとして試算表特有な部分もありますので説明します。

試算表が決算書と大きく異なる点は、1つの勘定科目のなかに「借方」「貸方」の両方が表示されていることです。たとえば、図表1（30頁）の試算表でご説明すると、勘定科目名の列、当座資産の上から3段目「普通預金」の中央に「借方（②）」「貸方（③）」があって、この差額（借方－貸方）に前残高（①）を加えたものが、最新の残高（④）となります。

フォーマットはさまざまですが、これは試算表特有の基本フォーマットなので、覚えておきましょう。

試算表の見方

それでは、試算表の基本的な見方をお伝えします。

そもそも試算表は、毎月作成することが一般的な、決算の確定作業へ入る前に作成する集計表であり、それぞれの仕訳が決算書へ正確に反映されているか検証するためにも役立つものです。

試算表のフォーマットですが、一般的に試算表は、「前残高」・「借方」・「貸方」・「残高」の4つの枠になっています。

そのほかには「昨対」つまり昨年の数字が出てくるものもありますが、基本的にこの4つの枠を見てもらえれば、十分でしょう。

とくに真ん中２つの「借方」「貸方」を理解すれば、より試算表が見やすくなることは間違いありません。

その結果、決算書への理解も深まるはずです。

決算書や試算表の見方をなかなか理解できないのは、「なぜそうなっているのか」を、ふわっと、大まかにしか理解できていないからではないでしょうか。

とはいえ専門的な知識が必要なわけではありません。簿記３級レベルの「借方」「貸方」までの考え方がわかれば、十分に理解可能です。

たとえば、

・資産を買ったとき
・お金を借り入れたとき
・経費を支払ったとき
・取引によって売掛金・買掛金が計上されたとき
・代金の授受があったとき

といった基本的な仕訳を理解することが、とても重要です。

さらに、Ｐ／Ｌにおける売上や仕入、経費支払いなどの差し引きで算出された損益が、最終的にはどのように反映されるのかも、非常に大切なことです。

それぞれの取引がどのように試算表へ表現され、試算表がどんな変化を見せるのかを理解しましょう。それがわかることで、たとえばある経営者が、「あれ？　今月こんなに利益が出ているはずがないよ」といった勘違いをすることも起こらなくなるでしょう。

経営者の方々は「キャッシュフロー」で儲かっている、儲かっていないといった認識をしていることが多く見られます。

ただ、建設業などでは、工事が完成し売上高を計上するタイミングと、お金を回収したタイミングとの違いによって、利益計上時を勘違いされていることもあります。

さらに、のちほどご説明しますが、決算書における5つの利益をしっかりと理解することも、欠かせないことです。

「棚卸」も、勘違いの起きやすいところです。

棚卸をなかなか理解しきれない経営者の方々が多いので、わたしはよく簡単な絵を描いて説明することがあります。

棚卸の計上を間違えると、決算書における、もしくは試算表における最初の利益である売上総利益（粗利）が狂ってしまうので、毎月決算をするからには、業種・業態に関わらず、ここをしっかりと理解することが大切です。

第3章で実際の仕訳を用いて説明しますので、この機会にしっかりと覚えてくださいね。

ビジュアルで試算表の基本を理解しよう

図表１（30頁）と図表２（31頁）、図表３（32頁）をご覧ください。オーソドックスな試算表のフォーマットを用いて、おおまかな見方をご説明します。

まずはB／Sから。図表１と図表２で「資産の部」「負債・純資産の部」に分かれていますが、それぞれ増減が逆になることを押さえましょう。

図表１の「資産の部」であれば「借方（左）」に数字が計上されると増加、「貸方（右）」に数字が計上されると減額となり、最新の残高（④）は次の計算式により算出します。

「前残高（①）＋借方（②）－貸方（③）＝最新の残高（④）」

一方で、図表２の「負債・純資産の部」は増減が逆で、貸方（右）に数字が計上されると増額、借方（右）に数字が計上されると減額になります。ですから、最新の残高（④）は次の計算式で算出します。

「前残高（①）＋貸方（③）－借方（②）＝最新の残高（④）」

次は図表３（32頁）のP／Lです。こちらは、基本的に□で囲ったところに数字が発生し、反対側に数字が計上されることはありません。反対側に計上されている場合は、イレギュラーなので注意が必要です。

この基本をビジュアルで理解すれば、見方は難しくありません。

〔図表1　試算表の見方〕

（B／S資産の部）

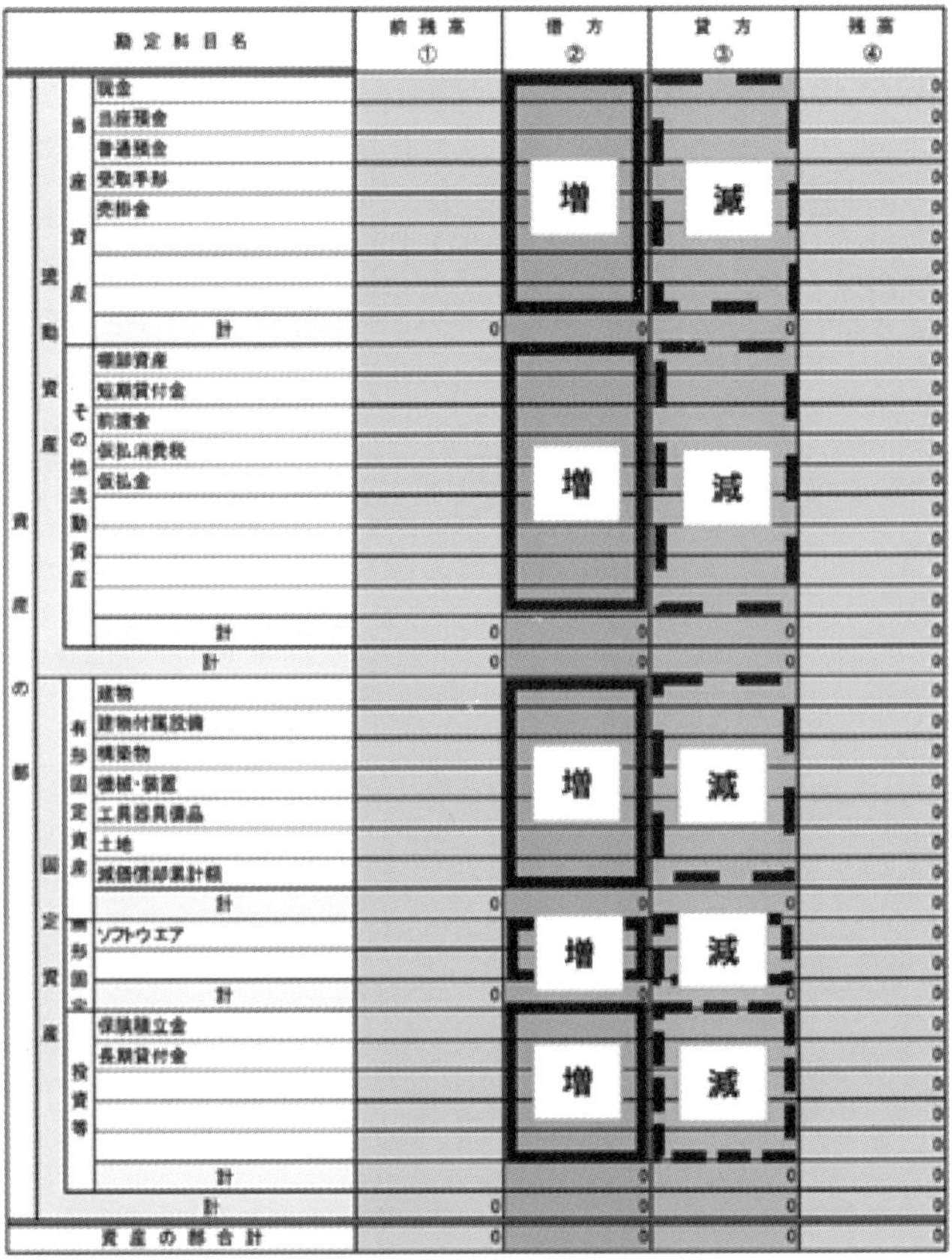

資産残高（④）＝①＋②－③

〔図表２　試算表の見方〕
（B／S負債・純資産の部）

区分			勘定科目名	前残高 ①	借方 ②	貸方 ③	残高 ④
負債・純資産の部	負債の部	流動負債	支払手形				0
			買掛金				0
			未払金				0
			未払費用				0
			未払法人税等				0
			預り金				0
			仮受消費税		減	増	0
							0
							0
							0
							0
							0
			計	0	0	0	0
		固定負債	長期借入金				0
							0
					減	増	0
							0
							0
							0
			計	0	0	0	0
	純資産の部	株主資本	資本金				0
			資本剰余金		減	増	0
			利益剰余金	0			0
							0
			計	0	0	0	0
		評価差額等					0
					減	増	0
							0
							0
			計	0	0	0	0
負債・純資産の部合計				0	0	0	0

負債・純資産残高（④）
＝①＋③－②

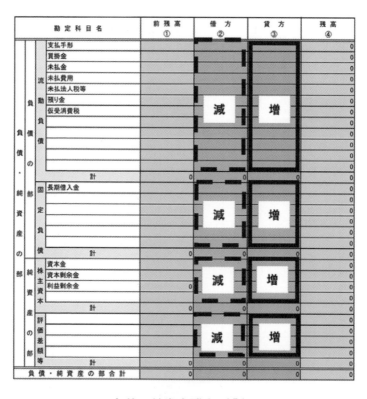

〔図表3　試算表（P／Lの見方）〕

勘定科目名			前残高 ①	借方 ②	貸方 ③	残高 ④
営業損益の部	営業収益	売上高				0
						0
		売上返品値引				0
	売上原価	期首商品棚卸高				0
		商品仕入高				0
		期末商品棚卸高				0
		当期売上原価		0		0
	売上総利益		0		0	0
	販売費及び一般管理費	役員報酬				0
		給料手当				0
		広告宣伝費				0
		旅費交通費				0
		地代家賃				0
		水道光熱費				0
		接待交際費				0
		保険料				0
		消耗品費				0
		減価償却費				0
		支払手数料				0
		雑費				0
		計	0	0	0	0
	営業利益		0		0	0
営業外損益の部	営業外収益	受取利息				0
		受取配当金				0
		雑収入				0
		計	0		0	0
	営業外費用	支払利息割引料				0
		雑損失				0
		計	0	0		0
	経常利益		0		0	0
特別損益の部	特別利益	固定資産売却益				0
		貸倒引当金戻入				0
						0
		計	0		0	0
	特別損失	固定資産売却損				0
						0
						0
		計	0	0		0
	税引前当期純利益		0		0	0
	法人税等					0
	当期純利益		0		0	0

□：基本的に発生する箇所
反対側に計上されている場合は
イレギュラーなので要注意

5　貸借対照表（B／S）は「体型」をあらわす

B／Sを見ることで、より会社の健康状態がわかる

試算表にも決算書にも登場する貸借対照表（B／S）ですが、これは本来、ある時点の「資産」・「負債」・「資本金」の残高をあらわすものであることはいうまでもありません。

ここは、試算表の基本としてきちんと理解する必要があります。

試算表や決算表を理解するために必要なのが、仕訳の知識です。

たとえば、機械を買ったら資産科目の現預金が減って固定資産が増える、商品を掛取引で販売したら、損益科目の売上が増え、そして売掛金が増える、といった形をしっかりと理解しましょう。これは、のちほど第3章（66頁）で説明します。

試算表を見るときに、「なぜ月次でB／Sを見なければいけないのか？」といった質問をいただくことがあります。たしかにB／Sは、期末なら期末時点の残高を見ればそれで十分、という考え方もあります。

ただわたしは、B／Sは体型（体つき）をあらわすと考えているので、月次でチェックすることをおすすめしています。

B／Sを見たとき、「御社はメタボですね」「これでは成人病にかかっているも同然です」「御社は筋肉質でマッチョですね」などということもあるのです。

P／Lが「能力」だとすれば、B／Sは「体型（体つき）」です。

会社の体型、体格、内臓脂肪といったものが、B／Sにあらわれているのではないでしょうか。B／Sでメタボの兆候が見えたら、早めに対処する必要があります。ですから、年1回の決算だけではなく、月次で追っていく必要があるでしょう。

資産のなかに、流動資産や固定資産がどれだけあるかがわかれば、その会社の体型が見えてきます。つまり、試算表をタイムリーに見ていくことで、メタボを予防し、成人病のリスクを軽減することができるのです。

また、B／Sを見なければわからない指標もあり、これも月次でB／Sを見ていく大きな意義といえますので、くわしいことは第6章で説明します。

6　試算表は「タイムリー」が命

試算表は「生もの」

金融機関から試算表の提出を求められたとき、もっとも大切なことは何だと思いますか。

もちろん中身は大事ですが、もっと大切なのは、きちんと前月分をタイムリーに提出できることです。金融機関への提出が1月だとすると、12月分を速やかに提出できれば、きちんと月次決算を行っていることを理解してもらえるはずです。

そのうえで、たとえば月次決算のなかで在庫をしっかりと計上していること、減価償却を12等分して毎月計上していることなどが伝われば、「この会社はきっちりと試算表をつくっているな」と思ってもらえて、印象がさらによくなるでしょう。自社を理解している、現状をちゃんと把握できていると思われれば、銀行の評価も上がるのではないでしょうか。

反対に、数か月前の試算表を提出するようでは、「え？　大丈夫？」と思われてしまいかねません。試算表は、生ものです。生ものは、早く食べなければいけません。数か月前の生ものを食べたら、お腹を壊してしまいます。

それと同じで、数か月前の試算表を見て経営判断しようと思ったら、会社はおかしくなります。ですから、試算表はタイムリーに作成するのが非常に重要で、とくに、融資をお願いする際は、直近である前月分の試算表が出せるかどうかがとても大切なことなのです。

仕訳は毎日入力するのがもっとも望ましい

仕訳入力のタイミングを質問されることもありますが、ベストな運用は毎日入力することです。何らかの取引が起きない日は少ないので、その日に起こった出来事、その日に起こった取引を、その日のうちに計上するのがいいでしょう。

なかには「日次決算」として、その日、その日の決算を行っている企業もあります。

仕訳入力を溜めるとあとで大変なことになりますし、1日に計上しなければいけない仕訳はいろいろあるとは思いますが、中小企業であれば、10分ほどあれば十分にできることです。でも、1週間溜めると1時間かかり、2週間溜めると2時間かかります。1か月分を溜めると、4時間もかかってしまいます。

2〜3か月溜めると、見るのも嫌になってしまうでしょう。

対外的にも社内的にも、やはりタイムリーに行っていくことが大切なのです。

経営者に関しては、少なくとも毎月の流れを追えるように、月次決算書はかならず見るようにすることが重要です。

もちろん、会社規模にもよるので、かならず毎日仕訳入力をしなければならないわけではありません。1〜2日で終わるからということで、翌月の頭に一気に作成する会社もあります。

ただ、スムーズに月次決算を行い、タイムリーに月次の試算表を作成するには、毎日少しずつでも計上作業を行ったほうが間違いなく楽です。

第2章　試算表作成には月次決算を実行しよう

1　月次決算を行うメリット

毎月試算表を作成することには、メリットがたくさん

月次決算を行い、試算表を作成するメリットはいくつもあります。本章では、代表的なメリットを3つあげたうえで月次決算について見ていきましょう。

試算表作成メリット①「問題発見（毎月の健康診断）」

月次決算を行い、毎月試算表をチェックすることで、会社の問題発見が早くなることは、毎月試算表をつくる大きなメリットです。

決算書が年に1回の健康診断とすれば、月次決算は毎月健康診断を行っていることになります。

数字を確認し、よかった点・改善点の確認が毎月できると、会社の問題発見に役立ち、改善への着手も早くなります。

また、月次決算をしていると、本決算であまり時間や手間がかからなくなるでしょう。年に一度しか数字を見なければ、かならず漏れが出てきますし、問題点の発見が遅れてし

まいます。
毎月会社の健康状態を見ることは、大きな意義があるのではないでしょうか。

試算表作成メリット②「予測可能」

月次決算を行い、試算表をしっかりと見ていれば、９～10か月目には、おおよその「着地」予測が可能になります。
最終的な利益額や納税額が予測できれば、節税対策や来期以降の事業計画を立てやすくなり、人員配置や資金繰りの検討へ早期に着手できるはずです。
また、計画と実績との対比もできるので、決算に向けたラストスパートをかけることも可能となります。

試算表作成メリット③「金融機関の評価が上がる」

月次決算を行い、その結果をタイムリーに提出することで、金融機関はいい評価をしてくれます。
たとえば銀行へ融資を打診した際に、試算表を出すよういわれた経験がある経営者の方は多いのではないでしょうか。

そのとき試算表を「いかにスピーディーに出せるか」が、1つのポイントです。とある企業の調査によれば、7割の金融機関が融資をしている企業の試算表を毎月見たい、と答えたそうです。

さらに、毎月に限定しなければ、試算表の提供を希望する金融機関はじつに100％でした。金融機関からの要請にタイムリーに提供できたり毎月提供できたりすれば、金融機関から高く評価されるのを想像できるはずです。

月次決算を行うことには、メリットしかありません。まだ未着手の経営者の方は、この機会にぜひ取り組んでみましょう。

2　月次決算は「発生主義」で行う

会社の実態を把握するためにも、発生主義で数字を把握しよう

会社の状況を反映した試算表をタイムリーに、正確に出すには、月次決算をしっかりと行わなければなりません。

ここからは、月次決算のやり方をお伝えします。

前提となるのが、「発生主義」で行うことです。

発生主義とは、お金のやりとりの有無に関係なく、取引が発生した時点で費用と収益を計上するものです。

これに対して「現金主義」という概念があり、現金主義は現金や預金の入出金の事実があってはじめて、費用と収益を認めます。

現金主義は一見わかりやすく感じますが、不都合もあります。

たとえば代金を前払いした場合、実際に商品やサービスが提供されるのがまだ先であっても、会計上は当期の費用として全額計上します。

また、商品やサービスをすでに提供していても、代金が後払いなら受け取るまで収益として計上しません。

現金主義では、会社の実態を決算書などに反映することが困難になり、本来は収益があるのに、書面上は赤字…といった結果を生んでしまうのです。

企業会計原則の損益計算書原則では、この発生主義を原則としています。

あくまでもわたしの印象ですが、経営者の頭のなかでは、基本的に「現金主義」で考えている方が多いようです。

ですから、「入金があったときに売上が立つ」といったイメージを持っておられるのでしょうが、発生主義で会計を行う場合では、サービスを提供した時点で売上として計上しなければいけません。

お金をいつもらったとしても、それは売上の計上とは関係ないのです。

試算表の作成は、かならず発生主義で行いましょう。さもないと、会社の実態がわかりません。

3　試算表は毎月できる限り早く作成する

迅速な月次試算表の作成が、経営や業務の改善につながる

試算表の命は「タイムリーであること」とすでにお伝えしました。具体的には、試算表はできるだけ早く、稼働日ベースで月初から10日くらいで締められるのが理想的です。

これもすでにお伝えしているとおり、試算表は生ものと同じなので、早いに越したことはありません。

3か月前の卵を食べたら、絶対にお腹を壊しますよね。そんな試算表を見て経営判断をしたら、誤ってしまうだけです。

たとえば2024年の1月の月次決算の作成をするならば、土日祝日がお休みの会社の場合、2月15日です。この日までに試算表が完成できれば理想的です。

これはあくまでも目安であり、できればもっと早く締められることに越したことはありません。

経営者の方が「早く最新の試算表を見たい」と思い、それが実現できれば、改善のための1つの材料になるでしょう。

早い段階でボトルネックとなる部分を発見し、改善策を検討して着手していくことで、経営や業務の改善につながっていくはずです。

4　「減価償却費」を毎月計上する

毎月減価償却費を計上しなければ、誤った損益認識になってしまう

減価償却費は、固定資産の購入額を耐用年数に合わせて分割し、その期ごとに費用として計上するための勘定科目です。

ご存じの方も多いとは思いますが、減価償却費は「キャッシュが流出しない費用」として知られていますね。

本来減価償却費は、期末に計上すればいいものです。

でも、月次決算を行っているはずなのに、本決算になったときに想定外に損益が激変す

るようでは、「いったい何のために月次決算を行っているのか?」という話になってしまいます。

この有用とはいえない月次決算の典型的なパターンの1つが、「月次決算に減価償却費を計上しないこと」なのです。

減価償却費が高額で本決算を迎えたときに損益が大きくぶれないよう、月次決算では減価償却費をかならず計上しましょう。

月次決算に減価償却費を計上することで、該当月の利益が適正なのかを測ることができます。

月次決算における減価償却費の計上は、難しいものではありません。年間の見込額を12(か月)で割れば、算出することができます。

この12等分した数字を、毎月の月次決算に計上していきましょう。

とくに製造業や不動産業など、多額の資産を抱えて事業を行う会社の場合、償却費を計上していない月次の試算表では、会社に利益が出ているのかどうかがわからなくなるでしょう。

それでは、月次決算の意味がなくなってしまいます。

ですから、ぜひ減価償却費の月次計上を行いましょう。

5　在庫の計上も毎月しっかりと行う

正確に在庫を計上しなければ、利益全体が狂ってしまう

あなたの会社は、毎月の月次決算で棚卸を行い、正しい在庫を把握していますか？

たしかに、棚卸を行って在庫を把握するのは手間がかかるうえに煩雑で、難しいことかもしれません。

本決算でしっかりと棚卸を行うはずなので、「正しい在庫に基づく決算を行えばそれでいい」というのも、１つの考え方です。

ただし、正確な在庫を把握していないと売上総利益（粗利）が狂い、当月までの正しい利益を算出することができません。

なぜ在庫を月次で把握しなければ正しい利益を把握できないのかは、のちほど第４章でくわしく説明します。

月次決算をタイムリーに、正確に行う意義の１つは、期中の損益を正しく把握することです。

とくに売上総利益は、営業損益、経常損益…と続く５つの損益につながる最初の利益で

あり、そのスタートラインが狂っていれば、当然ながらそのあとの損益も狂ってしまいます。

さらに、本決算を迎えたときに、在庫の状況によっては予想外の損益になっている可能性もあるのです。

もちろん、マンパワーの問題がありますし、会社ごとに経営者の考えも異なるので、毎月の棚卸を強制することはできません。

ただ、在庫を正確に計上する意味を知ったうえで、どうするのかを考えることが大切なのではないでしょうか。

月次決算や試算表は、よりよい経営をするためのものです。そこをご理解いただいたうえで、判断してくださいね。わたしの意見ですが、在庫の把握は月次で行うべきです。

6　月次決算チェックリスト

チェックリストに従って、月次決算を行おう

月次決算において確認すべき事項は、決して少なくありません。会社として円滑な月次決算ができるよう、次のチェックリストに沿って進めていきましょう。

〔図表４　月次決算チェックリスト〕

●事前準備

□　現金出納帳の集計・残高の確認

□　在庫表の作成

□　売掛金・買掛金・未払金・未払費用の残高表作成

●現金・預金

□　小口現金出納帳の集計・残高に差異はないか

□　帳簿の預金残高と通帳の預金残高に差異はないか

□　差異があった場合、原因の確定・修正を行ったか、また帳簿に記載したか

●売掛金・買掛金

□　未収の売掛金があった場合、担当者に確認しているか

□　売掛金の残高と帳簿（売掛金残高表）に差異はないか

□　買掛金の残高と帳簿（買掛金残高表）に差異はないか

●在庫・棚卸資産

□　月末時の商品在庫と帳簿在庫に差異はないか

□　社外にある預け在庫はないか

□　社内にある預かり在庫はないか

□　不良品や納品ミスなどで返品扱いになっている商品はないか

●固定資産

□　年間の減価償却費や引当金を 12 分割して計上しているか

□　10 万円以上の購入資産がある場合、資産計上ができているか

□　30 万円以上の購入資産があった場合、会計処理は適切に行われているか

●借入金

□　短期借入金は返済予定表残高と合っているか

□　長期借入金は返済予定表残高と合っているか

●未払金・預り金

□　未払金の残高と帳簿 (未払金残高表) に差異はないか

□　所得税や住民税の残高と当月の給与預かり分の金額に差異はないか

●経過勘定

□　次月以降に支払いまたは受取りがあるものを、未払費用や未収収益として経過勘定に計上したか

●貸借対照表（B／S）

□　マイナス残高になっていないか

□　マイナス残高があった場合、原因の特定と修正をしたか

●損益計算書（P／L）

□　売上総利益率は、正確なパーセンテージになっているか

□　消費税の区分（課税・非課税・不課税）は間違いないか

第3章　「仕訳」で知る試算表

1 「仕入」「経費」の計上

「仕入」を計上する

試算表を作成する基本である仕訳から、取引を考えることはとても重要です。

本章では、事業を行っていくなかで交わされる取引を仕訳であらわし、試算表へどのように反映されるのかを見ていきましょう。

資本金100万円を普通預金へ入金して会社がスタートし、ここからさまざまな取引を行っていくことになります。それが試算表へどう反映するのか、確認してくださいね。

まず、販売する商品を、30万円で仕入ました。後日、資金決済を行う掛取引なので、B／Sの「買掛金」に30万円を計上（51頁図表5の①）、P／Lの「商品仕入高」に同額の30万円を計上（52頁図表5の②）。まだ資金決済を行っていないので、普通預金は減っていませんが、発生主義で損益は認識されるので、P／Lの「当期純利益」の△30万円（52頁図表5の③）がB／S純資産の部の「利益剰余金」に計上（図表5の④）。そして、資金決済の段階で買掛金を借方に計上、普通預金を貸方に計上し、仕入の取引は完結します（53頁図表5の⑤）。損益は資金決済を行う前に計上されることを押さえましょう。

〔図表５ 「仕入」の仕訳（B／S)〕

勘定科目名				前残高	借方	貸方	残高
負債・純資産の部	負債の部	流動負債	支払手形				0
			買掛金		①	300,000	300,000
			未払金				0
			未払費用				0
			未払法人税等				0
			預り金				0
			仮受消費税				0
			前受金				0
			短期借入金				0
							0
							0
							0
			計	0	0	300,000	300,000
		固定負債	長期借入金				0
			役員借入金				0
							0
							0
							0
							0
			計	0	0	0	0
	純資産の部	株主資本	資本金			1,000,000	1,000,000
			資本剰余金		④		0
			利益剰余金	0		-300,000	-300,000
							0
			計	0	0	700,000	700,000
		評価差額等					0
							0
							0
							0
			計	0	0	0	0
負債・純資産の部合計				0	0	1,000,000	1,000,000

〔図表5　「仕入」の仕訳（P ／ L)〕

勘定科目名			前残高	借方	貸方	残高
営業損益の部	営業収益	売上高				0
						0
						0
	売上原価	期首商品棚卸高				0
		商品仕入高		300,000		300,000
		期末商品棚卸高				0
		当期売上原価		300,000		300,000
		売上総利益	0		-300,000	-300,000
	販売費及び一般管理費	役員報酬				0
		給料手当				0
		広告宣伝費				0
		旅費交通費				0
		地代家賃				0
		水道光熱費				0
		接待交際費				0
		保険料				0
		消耗品費				0
		減価償却費				0
		支払手数料				0
		雑費				0
		計	0	0	0	0
		営業利益	0		-300,000	-300,000
営業外損益の部	営業外収益	受取利息				0
		受取配当金				0
		雑収入				0
		計	0		0	0
	営業外費用	支払利息割引料				0
		雑損失				0
		計	0	0		0
		経常利益	0		-300,000	-300,000
特別損益の部	特別利益	固定資産売却益				0
		貸倒引当金戻入				0
						0
		計	0		0	0
	特別損失	固定資産売却損				0
						0
						0
		計	0			0
		税引前当期純利益	0		-300,000	-300,000
		法人税等				0
		当期純利益	0		-300,000	-300,000

②

③

〔図表5 「仕入」の資金決済の仕訳（B／S）〕

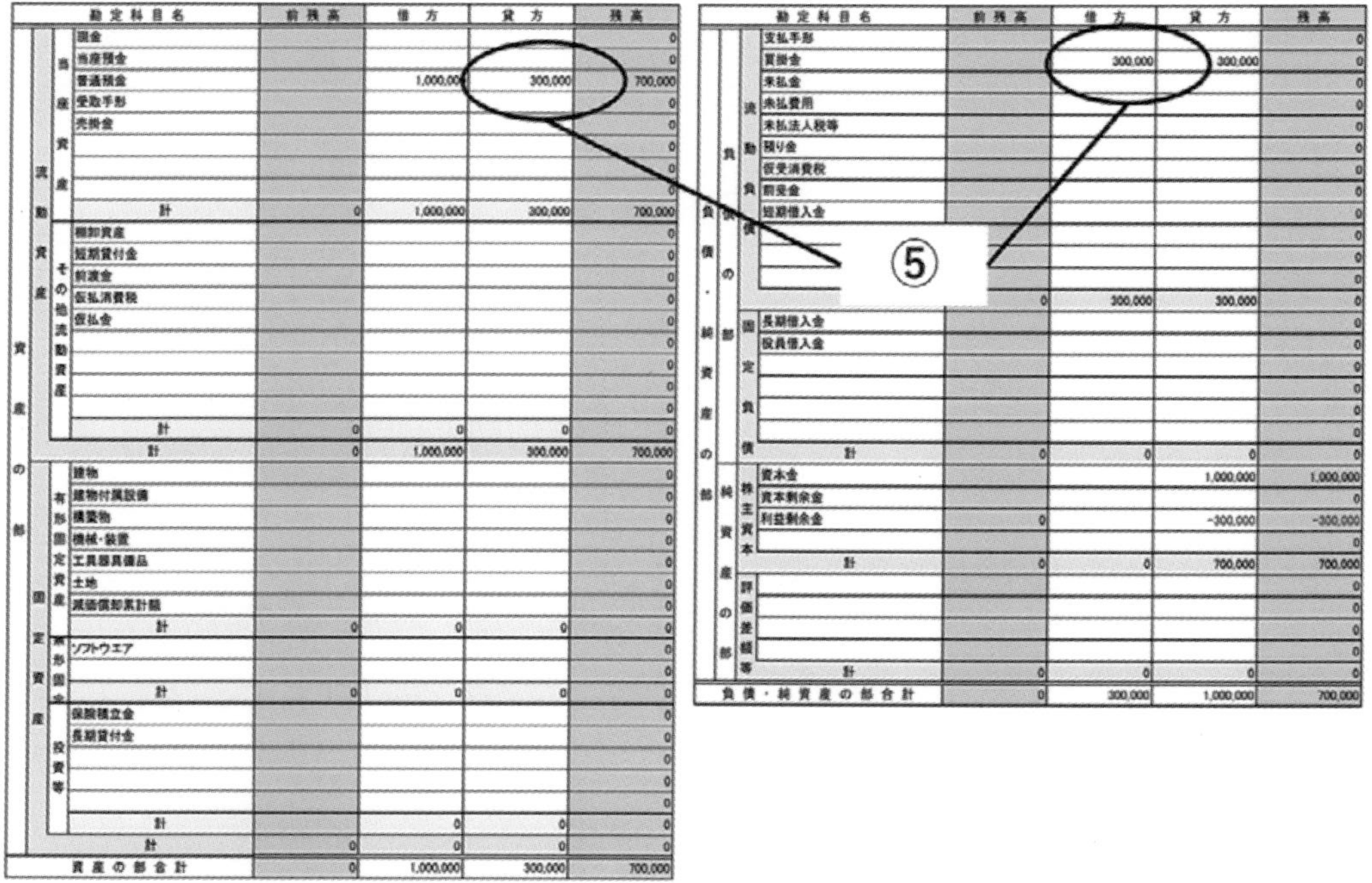

区分	勘定科目名	前残高	借方	貸方	残高
資産の部 流動資産 当座資産	現金				0
	当座預金				0
	普通預金		1,000,000	300,000	700,000
	受取手形				0
	売掛金				0
					0
					0
					0
	計	0	1,000,000	300,000	700,000
その他流動資産	棚卸資産				0
	短期貸付金				0
	前渡金				0
	仮払消費税				0
	仮払金				0
					0
					0
					0
					0
	計	0	0	0	0
	計	0	1,000,000	300,000	700,000
固定資産 有形固定資産	建物				0
	建物付属設備				0
	構築物				0
	機械・装置				0
	工具器具備品				0
	土地				0
	減価償却累計額				0
	計	0	0	0	0
無形固定資産	ソフトウエア				0
					0
	計	0	0	0	0
投資等	保険積立金				0
	長期貸付金				0
					0
					0
					0
	計		0	0	0
	計	0	0	0	0
資産の部合計		0	1,000,000	300,000	700,000

区分	勘定科目名	前残高	借方	貸方	残高
負債・純資産の部 負債の部 流動負債	支払手形				0
	買掛金		300,000	300,000	0
	未払金				0
	未払費用				0
	未払法人税等				0
	預り金				0
	仮受消費税				0
	前受金				0
	短期借入金				0
					0
					0
					0
	計	0	300,000	300,000	0
固定負債	長期借入金				0
	役員借入金				0
					0
					0
					0
					0
	計	0	0	0	0
純資産の部 株主資本	資本金			1,000,000	1,000,000
	資本剰余金				0
	利益剰余金	0		-300,000	-300,000
					0
	計	0	0	700,000	700,000
評価差額等					0
					0
					0
					0
	計	0	0	0	0
負債・純資産の部合計		0	300,000	1,000,000	700,000

「経費」を計上する

次は、「経費」の計上を行います。経費には、P／Lの「販売費及び一般管理費」に関わる出費を指し、役員報酬から従業員の給料、広告宣伝費、旅費交通費など、さまざまな種類があります。

ここでは、業務上必要な文房具の購入仕訳を行いましょう。

まずは、文房具を10万円分購入しました。こちらも後日資金決済を行う取引ということで、B／Sの「未払金」に10万円を計上し（55頁図表6の①）、P／Lの「消耗品」に同額の10万円を計上します（56頁図表6の②）。

仕入と同じく、資金決済を行っていない段階で、P／Lの「当期純利益」が△30万円から△40万円（56頁図表6の③）になり、B／S純資産の部の「利益剰余金」が同額の△40万円になります（55頁図表6の④）。

そして、資金決済の段階で未払金を借方に計上し、普通預金を貸方に計上して、消耗品（文房具）の購入に関わる取引は完結します。

こちらも損益は、資金決済を行う前に計上されることを押さえておきましょう。

なお、未払金と未払費用は混同しやすいのですが、未払金は単発で後払いの取引、未払費用は継続して後払いのサービスの提供を受ける場合に使う勘定科目と認識しましょう。

〔図表６ 「経費」の仕訳（B ／ S）〕

区分			勘定科目名	前残高	借方	貸方	残高
負債・純資産の部	負債の部	流動負債	支払手形				0
			買掛金		300,000	300,000	0
			未払金			100,000	100,000
			未払費用		①		0
			未払法人税等				0
			預り金				0
			仮受消費税				0
			前受金				0
			短期借入金				0
							0
							0
							0
			計	0	300,000	400,000	100,000
		固定負債	長期借入金				0
			役員借入金				0
							0
							0
							0
							0
			計	0	0	0	0
	純資産の部	株主資本	資本金			1,000,000	1,000,000
			資本剰余金		④		0
			利益剰余金	0		−400,000	−400,000
							0
			計	0	0	600,000	600,000
		評価差額等					0
							0
							0
							0
			計	0	0	0	0
負債・純資産の部合計				0	300,000	1,000,000	700,000

〔図表６　「経費」の仕訳（P ／ L）〕

勘定科目名			前残高	借方	貸方	残高
営業損益の部	営業収益	売上高				0
						0
						0
	売上原価	期首商品棚卸高				0
		商品仕入高		300,000		300,000
		期末商品棚卸高				0
		当期売上原価		300,000		300,000
	売上総利益		0		-300,000	-300,000
	販売費及び一般管理費	役員報酬				0
		給料手当				0
		広告宣伝費				0
		旅費交通費				0
		地代家賃				0
		水道光熱費				0
		接待交際費		②		0
		保険料				0
		消耗品費		100,000		100,000
		減価償却費				0
		支払手数料				0
		雑費				0
		計	0	100,000	0	100,000
	営業利益		0		-400,000	-400,000
営業外損益の部	営業外収益	受取利息				0
		受取配当金				0
		雑収入				0
		計	0		0	0
	営業外費用	支払利息割引料				0
		雑損失				0
		計	0	0		0
	経常利益		0		-400,000	-400,000
特別損益の部	特別利益	固定資産売却益				0
		貸倒引当金戻入				0
						0
		計	0		0	0
	特別損失	固定資産売却損				0
						0
						0
		計	0			0
	税引前当期純利益		0	③	-400,000	-400,000
	法人税等					0
	当期純利益		0		-400,000	-400,000

2 「売上」計上の仕訳

現預金への入金がなくても、売上は発生している

その後、熱心な営業活動が実を結び、50万円で商品を売ることができました。するとP／Lのほうに、50万円の「売上」が計上できますが（59頁図表7の②）、代金の回収ができておらず、50万円の請求書を発行した状態なので、「売掛金」に50万円計上することになります（58頁図表7の①）。

このように、売上は計上しているものの現金も預金も増えていない状態のとき、経営者としてはまだ入金がないために、わずかな不安から「それほど儲かっていない」と感じてしまうのでしょう。

でも、その月に請求書を出しているのなら、売上を計上しないといけません。仕訳でいえば、借方が売掛金、貸方が売上を立てるだけなのですが、試算表で見ると、P／Lの当期純利益がB／Sの「利益剰余金」に反映しています（58頁図表7の③）。

なぜなら、これがなければB／S上「売掛金」に対応する相手方がなく、バランスが合わないからです。B／Sはバランスシートの略なので、借方と貸方のバランスが合ってい

〔図表7　「売上」の仕訳（B／S）〕

①

区分	勘定科目名	前残高	借方	貸方	残高
資産の部 流動資産 当座資産	現金				0
	当座預金				0
	普通預金		1,000,000	300,000	700,000
	受取手形				0
	売掛金		500,000		500,000
					0
					0
					0
	計	0	1,500,000	300,000	1,200,000
その他流動資産	棚卸資産				0
	短期貸付金				0
	前渡金				0
	仮払消費税				0
	仮払金				0
					0
					0
					0
					0
	計	0	0	0	0
	計	0	1,500,000	300,000	1,200,000
固定資産 有形固定資産	建物				0
	建物付属設備				0
	構築物				0
	機械・装置				0
	工具器具備品				0
	土地				0
	減価償却累計額				0
	計	0	0	0	0
無形固定資産	ソフトウエア				0
					0
	計	0	0	0	0
投資等	保険積立金				0
	長期貸付金				0
					0
					0
					0
	計		0	0	0
	計	0	0	0	0
	資産の部合計	0	1,500,000	300,000	1,200,000

③

区分	勘定科目名	前残高	借方	貸方	残高
負債・純資産の部 負債の部 流動負債	支払手形				0
	買掛金		300,000	300,000	0
	未払金			100,000	100,000
	未払費用				0
	未払法人税等				0
	預り金				0
	仮受消費税				0
	前受金				0
	短期借入金				0
					0
					0
					0
	計	0	300,000	400,000	100,000
固定負債	長期借入金				0
	役員借入金				0
					0
					0
					0
					0
	計	0	0	0	0
純資産の部 株主資本	資本金			1,000,000	1,000,000
	資本剰余金				0
	利益剰余金			100,000	100,000
					0
	計	0	0	1,100,000	1,100,000
評価差額等					0
					0
					0
					0
	計	0	0	0	0
	負債・純資産の部合計	0	300,000	1,500,000	1,200,000

〔図表７ 「売上」の仕訳（P ／ L）〕

区分	小区分	勘定科目名	前残高	借方	貸方	残高
営業損益の部	営業収益	売上高			500,000	500,000
						0
						0
	売上原価	期首商品棚卸高				0
		商品仕入高		300,000		300,000
		期末商品棚卸高				0
		当期売上原価		300,000		300,000
		売上総利益	0		200,000	200,000
	販売費及び一般管理費	役員報酬				0
		給料手当				0
		広告宣伝費				0
		旅費交通費				0
		地代家賃				0
		水道光熱費				0
		接待交際費				0
		保険料				0
		消耗品費		100,000		100,000
		減価償却費				0
		支払手数料				0
		雑費				0
		計	0	100,000	0	100,000
		営業利益	0		100,000	100,000
営業外損益の部	営業外収益	受取利息				0
		受取配当金				0
		雑収入				0
		計	0		0	0
	営業外費用	支払利息割引料				0
		雑損失				0
		計	0	0		0
		経常利益	0		100,000	100,000
特別損益の部	特別利益	固定資産売却益				0
		貸倒引当金戻入				0
						0
		計	0		0	0
	特別損失	固定資産売却損				0
						0
						0
		計	0	0		0
		税引前当期純利益	0		100,000	100,000
		法人税等				0
		当期純利益	0		100,000	100,000

②

なければいけません。

B／Sでは、借方（左側）「売掛金」しか立っていないのでバランスが取れませんが、P／L上の利益がB／Sの「利益剰余金」に計上されて、バランスが取れます（図表7の③）。

「回収」がなくても、「利益」にはなっている

そして翌月、この50万円を現金で回収することができました。

すると売掛金が貸方に計上され、現金が借方に計上されます。資金回収によって、借方に現金、貸方に売掛金が立って、売掛金が左右で消えることになります。

次頁の図表7の④のとおり、売掛金が右左に立つことで相殺される形です。

実際のところ、入金があってはじめて「儲かった」と思う経営者の方が多く見られます。

回収がなければ、

「儲かっている」

といった感覚を持てないのではないでしょうか。

でも、会計上は50万円の利益が出ていると認識してください。

「入金がないから、利益が出ていない」というわけではありません。

仕訳をしっかりと理解することで、正確な自社の損益を把握できるのです。

〔図表7　「売上」の資金回収の仕訳（B／S）〕

区分	勘定科目名	前残高	借方	貸方	残高
資産の部／流動資産／当座資産	現金		500,000		500,000
	当座預金				0
	普通預金		1,000,000	300,000	700,000
	受取手形				0
	売掛金		500,000	500,000	0
					0
					0
					0
	計	0	2,000,000	800,000	1,200,000
その他流動資産	棚卸資産				0
	短期貸付金				0
	前渡金				0
	仮払消費税				0
	仮払金				0
					0
					0
					0
					0
	計	0	0	0	0
流動資産	計	0	2,000,000	800,000	1,200,000
固定資産／有形固定資産	建物				0
	建物付属設備				0
	構築物				0
	機械・装置				0
	工具器具備品				0
	土地				0
	減価償却累計額				0
	計	0	0	0	0
無形固定	ソフトウエア				0
					0
	計	0	0	0	0
投資等	保険積立金				0
	長期貸付金				0
					0
					0
					0
	計		0	0	0
固定資産	計	0	0	0	0
	資産の部合計	0	2,000,000	800,000	1,200,000

④

3　「前受金」計上の仕訳

取引によって、「売上」の計上タイミングが異なる場合もある

次の仕訳は「前受金」です。工事の手付金を受け取ったため、当座預金が30万円増えました。図表8－1（63頁）のとおり、借方に当座預金、貸方に前受金、それぞれ30万円が計上されます。前の例とは異なり、現預金は30万円増えているのですが、「売上」が立っていないため、損益には何も影響していません。

工事の売上計上基準として「完成基準」を採用している場合、完成して請求書を発行することで、売上として計上できるからです。

工事が完成して100万円の請求書を発行することで、図表8－2の売上高の貸方に売上100万円を計上することができますので、売上の合計は、前の売上50万円（図表7の②）と合わせて合計150万円（64頁図表8－2）となります。

借方に前受金が立って相殺されますが、まだ貸借のバランスが合っていませんね。そこで、差額の70万円は「売掛金」にプラスされます（65頁図表8－3）。

ここのポイントは、前の例のように代金を受領していなくても売上が立つこともあれば、

〔図表8－1　「前受金」の仕訳（B／S）〕

区分		勘定科目名	前残高	借方	貸方	残高
資産の部 / 流動資産	当座資産	現金		500,000		500,000
		当座預金		300,000		300,000
		普通預金		1,000,000	300,000	700,000
		受取手形				0
		売掛金		500,000	500,000	0
						0
						0
						0
		計	0	2,300,000	800,000	1,500,000
	その他流動資産	棚卸資産				0
		短期貸付金				0
		前渡金				0
		仮払消費税				0
		仮払金				0
						0
						0
						0
						0
		計	0	0	0	0
		計	0	2,300,000	800,000	1,500,000
資産の部 / 固定資産	有形固定資産	建物				0
		建物付属設備				0
		構築物				0
		機械・装置				0
		工具器具備品				0
		土地				0
		減価償却累計額				0
		計	0	0	0	0
	無形固定資産	ソフトウエア				0
						0
		計	0	0	0	0
	投資等	保険積立金				0
		長期貸付金				0
						0
						0
						0
		計		0	0	0
		計	0	0	0	0
資産の部合計			0	2,300,000	800,000	1,500,000

区分		勘定科目名	前残高	借方	貸方	残高
負債・純資産の部 / 負債の部	流動負債	支払手形				0
		買掛金		300,000	300,000	0
		未払金			100,000	100,000
		未払費用				0
		未払法人税等				0
		預り金				0
		仮受消費税				0
		前受金			300,000	300,000
		短期借入金				0
						0
						0
						0
		計	0	300,000	700,000	400,000
	固定負債	長期借入金				0
		役員借入金				0
						0
						0
						0
						0
		計	0	0	0	0
純資産の部	株主資本	資本金			1,000,000	1,000,000
		資本剰余金				0
		利益剰余金	0		100,000	100,000
						0
		計	0	0	1,100,000	1,100,000
	評価差額等					0
						0
						0
						0
		計	0	0	0	0
負債・純資産の部合計			0	300,000	1,800,000	1,500,000

〔図表8－2　「売上」の仕訳（P／L）〕

勘定科目名			前残高	借方	貸方	残高
営業損益の部	営業収益	売上高			1,500,000	1,500,000
						0
						0
	売上原価	期首商品棚卸高				0
		商品仕入高		300,000		300,000
		期末商品棚卸高				0
		当期売上原価		300,000		300,000
	売上総利益		0		1,200,000	1,200,000
	販売費及び一般管理費	役員報酬				0
		給料手当				0
		広告宣伝費				0
		旅費交通費				0
		地代家賃				0
		水道光熱費				0
		接待交際費				0
		保険料				0
		消耗品費		100,000		100,000
		減価償却費				0
		支払手数料				0
		雑費				0
		計	0	100,000	0	100,000
	営業利益		0		1,100,000	1,100,000
営業外損益の部	営業外収益	受取利息				0
		受取配当金				0
		雑収入				0
		計	0		0	0
	営業外費用	支払利息割引料				0
		雑損失				0
		計	0	0		0
	経常利益		0		1,100,000	1,100,000
特別損益の部	特別利益	固定資産売却益				0
		貸倒引当金戻入				0
						0
		計	0		0	0
	特別損失	固定資産売却損				0
						0
						0
		計	0	0		0
	税引前当期純利益		0		1,100,000	1,100,000
	法人税等					0
	当期純利益		0		1,100,000	1,100,000

〔図表8－3 「売掛金」計上の仕訳（B／S）〕

区分	勘定科目名	前残高	借方	貸方	残高
資産の部 流動資産 当座資産	現金		500,000		500,000
	当座預金		300,000		300,000
	普通預金		1,000,000	300,000	700,000
	受取手形				0
	売掛金		1,200,000	500,000	700,000
					0
					0
					0
	計	0	3,000,000	800,000	2,200,000
その他流動資産	棚卸資産				0
	短期貸付金				0
	前渡金				0
	仮払消費税				0
	仮払金				0
					0
					0
					0
					0
	計	0	0	0	0
流動資産	計	0	3,000,000	800,000	2,200,000
固定資産 有形固定資産	建物				0
	建物付属設備				0
	構築物				0
	機械・装置				0
	工具器具備品				0
	土地				0
	減価償却累計額				0
	計	0	0	0	0
無形固定資産	ソフトウエア				0
					0
	計	0	0	0	0
投資等	保険積立金				0
	長期貸付金				0
					0
					0
					0
	計		0	0	0
固定資産	計	0	0	0	0
資産の部合計		0	3,000,000	800,000	2,200,000

区分	勘定科目名	前残高	借方	貸方	残高
負債・純資産の部 負債の部 流動負債	支払手形				0
	買掛金		300,000	300,000	0
	未払金			100,000	100,000
	未払費用				0
	未払法人税等				0
	預り金				0
	仮受消費税				0
	前受金		300,000	300,000	0
	短期借入金				0
					0
					0
					0
	計	0	600,000	700,000	100,000
固定負債	長期借入金				0
	役員借入金				0
					0
					0
					0
					0
	計	0	0	0	0
純資産の部 株主資本	資本金			1,000,000	1,000,000
	資本剰余金				0
	利益剰余金	0		1,100,000	1,100,000
					0
	計	0	0	2,100,000	2,100,000
評価差額等					0
					0
					0
					0
	計	0	0	0	0
負債・純資産の部合計		0	600,000	2,800,000	2,200,000

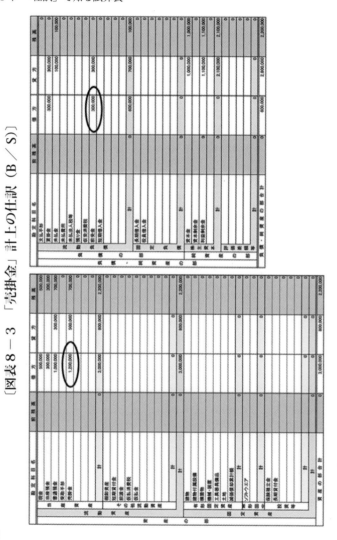

お金を受け取っていてもまだ売上に計上しないケースもある、ということです。

とくに損益の場合、経営者の意識と試算表の数字が異なることは頻繁に起こります。

取引によって売上の計上タイミングが異なるので、その認識をしっかりとしましょう。

4　固定資産の購入と減価償却計上の仕訳

固定資産の購入は、購入時には損益に影響しない

次は、高額な資産（機械などの設備）を購入した例です。

たとえば、業務で使う資産を購入したとき、

「高い買い物をしたら、その分が経費になるのではないか」

と思っている経営者の方もいるでしょう。

でも、それは資産に計上するものなので、購入時は損益には何も影響しないのです。

図表9のように、借方に「工具器具備品」、代金を現金で支払ったとすれば現金の貸方に、それぞれ50万円ずつ立ちます（68頁図表9）。

つまり、現金が減って資産が増えた形なので、損益には影響しないのです。

「減価償却費」はキャッシュをともなわない費用

損益に関わるもので、よく勘違いがある仕訳に、「減価償却費」があります。

すでにお伝えした資産「工具器具備品」の50万円が、どのように費用化されていくのかといえば、「減価償却費」です。

減価償却費は、「お金が出ていかない費用」として知られています。

図表10－1・図表10－2のとおり、

・P／Lの減価償却費が、費用として借方に5万円立つ（69頁図表10－1）
・B／Sの減価償却累計額、貸方に同じく5万円が立つ（70頁図表10－2）

といった仕訳になります。

月次の試算表では、正確な損益を把握するために、年間の減価償却見込額の12分の1を毎月計上しましょう。

この減価償却費は、お金は出ていかないのですが、経費なので費用計上されて、その分利益が圧縮されます。この例では少額なので、影響は大きくありませんが、設備投資の多い会社では、年間の減価償却費がかなりの金額に及びます。

ですから、大きな機械を購入し、毎月減価償却費を計上しない状態で決算を迎えると、1年分の減価償却費が一気に計上されます。

〔図表９　「固定資産の購入」の仕訳〕
（B ／ S　資産の部）

区分			勘定科目名	前残高	借方	貸方	残高
資産の部	流動資産	当座資産	現金		500,000	500,000	0
			当座預金		300,000		300,000
			普通預金		1,000,000	300,000	700,000
			受取手形				0
			売掛金		1,200,000	500,000	700,000
							0
							0
							0
			計	0	3,000,000	1,300,000	1,700,000
		その他流動資産	棚卸資産				0
			短期貸付金				0
			前渡金				0
			仮払消費税				0
			仮払金				0
							0
							0
							0
							0
			計	0	0	0	0
			計	0	3,000,000	1,300,000	1,700,000
	固定資産	有形固定資産	建物				0
			建物付属設備				0
			構築物				0
			機械・装置				0
			工具器具備品		500,000		500,000
			土地				0
			減価償却累計額				0
			計	0	500,000	0	500,000
		無形固定資産	ソフトウエア				0
							0
			計	0	0	0	0
		投資等	保険積立金				0
			長期貸付金				0
							0
							0
							0
			計		0	0	0
			計	0	500,000	0	500,000
資産の部合計				0	3,500,000	1,300,000	2,200,000

〔図表 10 － 1　「減価償却費の計上」の仕訳〕
（P ／ L）

部	区分	勘定科目名	前残高	借方	貸方	残高
営業損益の部	営業収益	売上高			1,500,000	1,500,000
						0
						0
	売上原価	期首商品棚卸高				0
		商品仕入高		300,000		300,000
		期末商品棚卸高				0
		当期売上原価		300,000		300,000
		売上総利益	0		1,200,000	1,200,000
	販売費及び一般管理費	役員報酬				0
		給料手当				0
		広告宣伝費				0
		旅費交通費				0
		地代家賃				0
		水道光熱費				0
		接待交際費				0
		保険料				0
		消耗品費		100,000		100,000
		減価償却費		50,000		50,000
		支払手数料				0
		雑費				0
		計	0	150,000	0	150,000
		営業利益	0		1,050,000	1,050,000
営業外損益の部	営業外収益	受取利息				0
		受取配当金				0
		雑収入				0
		計	0		0	0
	営業外費用	支払利息割引料				0
		雑損失				0
		計	0	0		0
		経常利益	0		1,050,000	1,050,000
特別損益の部	特別利益	固定資産売却益				0
		貸倒引当金戻入				0
						0
		計	0		0	0
	特別損失	固定資産売却損				0
						0
						0
		計	0	0		0
		税引前当期純利益	0		1,050,000	1,050,000
		法人税等				0
		当期純利益	0		1,050,000	1,050,000

〔図表 10 − 2 「減価償却費の計上」の仕訳〕
（B ／ S）

区分			勘定科目名	前残高	借方	貸方	残高
資産の部	流動資産	当座資産	現金		500,000	500,000	0
			当座預金		300,000		300,000
			普通預金		1,000,000	300,000	700,000
			受取手形				0
			売掛金		1,200,000	500,000	700,000
							0
							0
							0
			計	0	3,000,000	1,300,000	1,700,000
		その他流動資産	棚卸資産				0
			短期貸付金				0
			前渡金				0
			仮払消費税				0
			仮払金				0
							0
							0
							0
							0
			計	0	0	0	0
			計	0	3,000,000	1,300,000	1,700,000
	固定資産	有形固定資産	建物				0
			建物付属設備				0
			構築物				0
			機械・装置				0
			工具器具備品		500,000		500,000
			土地				0
			減価償却累計額			50,000	−50,000
			計	0	500,000	50,000	450,000
		無形固定	ソフトウエア				0
							0
			計	0	0	0	0
		投資等	保険積立金				0
			長期貸付金				0
							0
							0
							0
			計		0	0	0
			計	0	500,000	50,000	450,000
資産の部合計				0	3,500,000	1,350,000	2,150,000

そして、

「こんなに赤字になっているの？」

といった話になることもあるのです。

5　借入と返済の仕訳

借入の仕訳

次は、「借入金」です。

事業を行うには、金融機関からの融資が欠かせません。

そのためにも、正確な試算表や決算書を作成しなければなりませんし、借りたあとの返済の管理もしっかりと行わなければいけません。

ここでのポイントは、費用とキャッシュフローの認識の違いを理解することです。

経営者のなかには、

「借入金の返済は、費用だ」

と勘違いしている人も、時々います。

でも、借りたときは収益に上がっていませんよね。

それと同様に、元本を返済したときに、それが費用となるわけではありません。

具体的な仕訳を見ていきましょう。

まず、融資審査が無事にとおり、金融機関から運転資金２００万円を借りることができたとします。仕訳は、借方の当座預金に２００万円、貸方の「長期借入金」に２００万円計上され、図表11-1（73頁）のとおり、借りたときは損益に何も影響がありません。

借入金返済の仕訳

借入元本の返済も借入と同様に、損益には影響しません。

これも、具体例を見てみましょう。たとえば、銀行から借りた２００万円のうち10万円を返したとします。すると図表11-2（74頁）のように、当座預金から10万円返した形になるだけです。借入と返済に関しては、このように損益はまったく動いていません。

キャッシュフローには影響しますが、損益には影響しない点が、借入と元本の返済の特徴です。借入利息とは異なり、元本の異動は損益計算書にはあらわれません。でも、現預金からは出ていくので、資金流出は発生します。

キャッシュフローへの影響を見逃してしまう部分なので、くれぐれも気をつけてくださいね。

〔図表１１－１　「借入」の仕訳（B／S）〕

区分	勘定科目名	前残高	借方	貸方	残高
資産の部／流動資産／当座資産	現金		500,000	500,000	0
	当座預金		2,300,000		2,300,000
	普通預金		1,000,000	300,000	700,000
	受取手形				0
	売掛金		1,200,000	500,000	700,000
					0
					0
					0
	計	0	5,000,000	1,300,000	3,700,000
その他流動資産	棚卸資産				0
	短期貸付金				0
	前渡金				0
	仮払消費税				0
	仮払金				0
					0
					0
					0
					0
	計	0	0	0	0
流動資産	計	0	5,000,000	1,300,000	3,700,000
固定資産／有形固定資産	建物				0
	建物付属設備				0
	構築物				0
	機械・装置				0
	工具器具備品		500,000		500,000
	土地				0
	減価償却累計額			50,000	-50,000
	計	0	500,000	50,000	450,000
無形固定資産	ソフトウエア				0
					0
	計	0	0	0	0
投資等	保険積立金				0
	長期貸付金				0
					0
					0
					0
	計		0	0	0
固定資産	計	0	500,000	50,000	450,000
資産の部合計		0	5,500,000	1,350,000	4,150,000

区分	勘定科目名	前残高	借方	貸方	残高
負債・純資産の部／負債の部／流動負債	支払手形				0
	買掛金		300,000	300,000	0
	未払金			100,000	100,000
	未払費用				0
	未払法人税等				0
	預り金				0
	仮受消費税				0
	前受金		300,000	300,000	0
	短期借入金				0
					0
					0
					0
	計	0	600,000	700,000	100,000
固定負債	長期借入金			2,000,000	2,000,000
	役員借入金				0
					0
					0
					0
					0
	計	0	0	2,000,000	2,000,000
純資産の部／株主資本	資本金			1,000,000	1,000,000
	資本剰余金				0
	利益剰余金	0		1,050,000	1,050,000
					0
	計	0	0	2,050,000	2,050,000
評価差額等					0
					0
					0
					0
	計	0	0	0	0
負債・純資産の部合計		0	600,000	4,750,000	4,150,000

〔図表１１－２　「借入金返済」の仕訳（B／S）〕

区分	勘定科目名	前残高	借方	貸方	残高
資産の部 流動資産 当座資産	現金		500,000	500,000	0
	当座預金		2,300,000	100,000	2,200,000
	普通預金		1,000,000	300,000	700,000
	受取手形				0
	売掛金		1,200,000	500,000	700,000
					0
					0
					0
	計	0	5,000,000	1,400,000	3,600,000
その他流動資産	棚卸資産				0
	短期貸付金				0
	前渡金				0
	仮払消費税				0
	仮払金				0
					0
					0
					0
					0
					0
	計	0	0	0	0
流動資産	計	0	5,000,000	1,400,000	3,600,000
固定資産 有形固定資産	建物				0
	建物付属設備				0
	構築物				0
	機械・装置				0
	工具器具備品		500,000		500,000
	土地				0
	減価償却累計額			50,000	-50,000
	計	0	500,000	50,000	450,000
無形固定資産	ソフトウエア				0
					0
	計	0	0	0	0
投資等	保険積立金				0
	長期貸付金				0
					0
					0
					0
					0
	計		0	0	0
固定資産	計	0	500,000	50,000	450,000
資産の部合計		0	5,500,000	1,450,000	4,050,000

区分	勘定科目名	前残高	借方	貸方	残高
負債・純資産の部 負債の部 流動負債	支払手形				0
	買掛金		300,000	300,000	0
	未払金			100,000	100,000
	未払費用				0
	未払法人税等				0
	預り金				0
	仮受消費税				0
	前受金		300,000	300,000	0
	短期借入金				0
					0
					0
					0
	計	0	600,000	700,000	100,000
固定負債	長期借入金		100,000	2,000,000	1,900,000
	役員借入金				0
					0
					0
					0
					0
	計	0	100,000	2,000,000	1,900,000
純資産の部 株主資本	資本金			1,000,000	1,000,000
	資本剰余金				0
	利益剰余金	0		1,050,000	1,050,000
					0
	計	0	0	2,050,000	2,050,000
評価差額等					0
					0
					0
					0
	計	0	0	0	0
負債・純資産の部合計		0	700,000	4,750,000	4,050,000

第4章　試算表を、さらに深く知る

1 「利益」の種類をしっかりと知ろう

会計上、利益には5つの種類がある

経営で非常に大切な要素は、「利益」ですね。この利益には5つの種類があるのですが、最初に算出するのが「売上総利益（粗利）」です。試算表や決算書のなかでは、利益についてのP／Lの見方は、比較的わかりやすいといえます。

毎月経営者の方々を訪問しますが、よく質問されるのは、

「先生、今月の利益はどれくらい？」

ということです。経営者なら、気になるところですよね。

ただ、この、

「利益はいくらですか？」

というご質問に対する一番正しい答えは、

「どこの利益ですか？」

なのです。

なぜなら、利益には5つの種類があるからです。

最初が「売上総利益（粗利）」、次が「営業利益」、そして「経常利益」、「税引前当期純利益」、「当期純利益」と続きます。

それぞれの利益がそれぞれの意味合いを持っているので、「どこの利益のことなのか」についての理解も欠かせません。

たとえばコロナのとき、飲食店の営業利益はかなり厳しかったはずです。

ただ、営業利益が少なくても経常利益は大きな黒字、という会社も少なくなかったのではないでしょうか。

なぜなら、営業外収益である雑収入に計上される補助金や休業支援金などを受け取っていたからです。

でも、会社の財務状況を見るときに、単純に最終利益である当期純利益だけを見て利益が出ているからといって、いい会社だとは一概にいえないのです。

本業の利益である営業利益が赤字なら、いくら「雑収入」や「特別利益」で儲かっているように見えても、将来的に立ち行かなくなる可能性があるからです。

それぞれの「利益」の意味を改めて知っておこう

やはり、会社の本質を見るのであれば、それぞれの利益をきっちりと理解し、見ていかなければいけません。

売上総利益の意味するところは何なのか、営業利益が何を意味するのか、といったことをしっかりと理解しながら試算表を見ることが、本当に大切なのではないでしょうか。

たしかにP／Lはシンプルで見やすいものではありますが、だからこそ「利益」の意味合いをきっちりと理解したうえで数字を把握することが、とても重要なのです。

2　5つの利益を理解する

5つの利益の意味を知り、毎月確認しよう

すでにお伝えしたとおり、試算表や決算書には、5つの利益があります（81頁図表12）。基本的なことかもしれませんが、それぞれの利益に、それぞれの意味合いがあることをあらためて押さえましょう。

まず「売上総利益（粗利）」は、シンプルに「売った・買った」ことによる利益がどれだけ出ているか、というものです。

これは最初の利益なので、非常に大事なものといえます。

ここで大切なことの1つは売上原価の把握なのですが、それはのちほど第5章でくわし

く説明します。

次は、売上総利益から販管費（販売費及び家賃・広告宣伝費・人件費などの一般管理費）を引いた「営業利益」です。

この営業利益は、本業でどれだけの儲けがあるのかをあらわす利益であり、会社の業績を評価する重要な指標であることを、しっかりと理解しましょう。

営業利益に、「営業外利益」「営業外費用」を足し引きすると、3つ目の利益である「経常利益」が算出されます。

この経常利益には借入金の支払い利息が反映されるので、金融機関がよく見ていると認識しましょう。

経常利益に反映する収入には、「雑収入」というものがあります。これは、本業以外で経常的に発生する収入のことです。

わたしのクライアントに、飲食業を本業としつつ、不動産賃貸を行っている会社さんがあります。不動産賃貸が本業・本業以外になる境目は、定款のなかに「不動産業」と書いてあるかどうかです。定款に書かれていなければ本業とはみなされないため、「売上」にはならないのです。

つまり、

「定款には書いていないけれども、少し不動産を間貸ししていて、経常的にお金が入ってきます」

といったときは、「売上」ではなく「雑収入」として計上します。経常利益まで見たほうが、会社の財務状況をより正確に見られるでしょう。

そして経常損益に、臨時的に発生した「特別利益」「特別損失」を加味したものが、4つ目の利益である「税引前当期純利益」です。

特別利益は所有する不動産などを売却したときの一時的な利益であり、特別損失は災害などによる一時的な損失を指します。

なお、コロナによる休業支援金などは、雑収入に相当します。

最後は、「税引前当期純利益」に税金を加味した、「当期純利益」です。

それぞれの意味合いを理解し、正しく自社の状況を把握するようにしましょう。そして、この5つの利益を毎月確認しましょう。

試算表を見るうえで、もちろん5つの利益をすべて満遍なく見るに越したことはありません。

でも、試算表においては特別利益、特別損失が期中で発生しない限りは、経常利益までを注目しておけばいいでしょう。

〔図表12　5つの利益〕

勘定科目名			前残高	借方	貸方	残高
営業損益の部	営業収益	売上高			1,500,000	1,500,000
						0
						0
	売上原価	期首商品棚卸高				0
		商品仕入高		300,000		300,000
		期末商品棚卸高				0
		当期売上原価		300,000		300,000
	売上総利益		0		1,200,000	1,200,000
	販売費及び一般管理費	役員報酬				0
		給料手当				0
		広告宣伝費				0
		旅費交通費				0
		地代家賃				0
		水道光熱費				0
		接待交際費				0
		保険料				0
		消耗品費		100,000		100,000
		減価償却費		50,000		50,000
		支払手数料				0
		雑費				0
		計	0	150,000	0	150,000
	営業利益		0		1,050,000	1,050,000
営業外損益の部	営業外収益	受取利息				0
		受取配当金				0
		雑収入				0
		計	0		0	0
	営業外費用	支払利息割引料				0
		雑損失				0
		計	0	0		0
	経常利益		0		1,050,000	1,050,000
特別損益の部	特別利益	固定資産売却益				0
		貸倒引当金戻入				0
						0
		計	0		0	0
	特別損失	固定資産売却損				0
						0
						0
		計	0	0		0
	税引前当期純利益		0		1,050,000	1,050,000
	法人税等					0
	当期純利益		0		1,050,000	1,050,000

3　営業利益は会社の地力

営業利益は黒字を確保しなければならない

「営業利益」は、本業で獲得できた「利益」です。

そもそも利益というものは、経営者が目指す方向性や今後の展開によって、どれだけ必要なのかが変わってしかるべきでしょう。

つまり、経営者がしたいことをした結果、しっかりと利益が取れているかどうかがポイントといえます。

売上総利益（粗利）では原価がポイントでしたが、営業利益においては人件費が重要な要素の1つです。

会社の方針が「社員は一番の宝。従業員が喜んでくれることを目指そう。今期は全社員のお給料を10％アップしよう」というものなら、人件費が膨らんでも営業利益を確保できるだけの売上総利益（粗利）をあげればいいのです。

指標にこだわらず、従業員の待遇をよくしたとしても、営業利益がマイナスにならないようにすれば、会社は続いていきます。

「わたしはこんな考え方でやっていきたい」

と理念を優先する経営者の方はよくいますが、いつもわたしは、

「理念は素晴らしいのですが、それでは会社を続けていけません。それを続けていては、会社が潰れます。でも、とてもいい理念なので、続けるためにどこかを見直していきましょう」

と経営者にお伝えしています。

試算表を理解すれば、ほかと比べることなくご自身がしたい経営が明確に見えてくるうえに、それが可能となっていくはずです。

4　借入金の返済を「利益」で賄えているか

毎月の借入金返済を利益で賄えなければ、お金が回らない

試算表で毎回かならず見なければならない指標で、1つ大切なものを説明します。

銀行から資金調達をしている会社は非常に多いのですが、借入金の返済が適切にできているか気になっている経営者の方々は多いのではないでしょうか。

借入金の返済を現預金から取り崩す状態では、いつか資金が枯渇するかもしれません。

ですから、毎月の銀行への返済額を賄うだけの利益がきちんと出ているかどうかは、極めて重要です。

裏返せば、毎月の借入金の返済額が、「月々の必要最低限の利益である」ということです。この必要額から逆算し、必達の売上高を計算してみましょう。

経営者の方々には、ご自身のなかで「このようにしていきたい」という考えがあるはずです。

しかし、「では、どうすればいいか」が曖昧になっていませんか。

たとえば、赤字が続き業績が厳しくなっているときは、この必要な利益から求める売上高を逆算し、施策を講じなければなりません。

何よりも、利益が毎月の借入金返済額を賄えるくらいに出ていなければ、お金が回っていかないでしょう。

「資金流出をともなわない資産」である減価償却費を加味しよう

ここでポイントとなるのが、P／Lのなかの「毎月の減価償却費」です。

すでにお伝えしたとおり、減価償却費は資金流出をともなわない資産です。

ですから、キャッシュベースで試算表の利益を見ようと思えば、経常利益に当月の減価償却費を加えた金額（年間の見込額の12分の1）が、毎月の借入金返済額に見合っているか見る必要があります。この金額が見合っていなければ、現預金はどんどん減っていくでしょう。

ちなみに借入金の返済額は、利息と元金の合計額です。経常利益は支払利息を差し引いた数字なので、ほかに賄わなければならないのは元本ですね。

つまり、「元本返済分を経常利益に減価償却費を加えた額で賄えているかどうか」が、極めて重要なのです。

なお、借入金の元本返済分は損益にあらわれない点にも注意が必要です。長期借入金の借方をキャッシュフローで見ると、P／Lだけでは把握できない部分があります。それが、この借入金の元本返済なのです。

多くの経営者の方は、当然ながら損益に注目しがちであり、ほとんどB／Sを気にしない傾向があるのですが、損益にあらわれない資金流出もあるので、B／Sのチェックも欠かせません。

現在はコロナ融資の返済が始まっていますが、それ以前は元本も利息も払わなくていい時期もありました。返済が不要な期間は気にしなくてもよかったのですが、元利金の返済が始まった現在は、返済額を利益で賄えているのかを見なくてはならないため、このチェックは極めて重要といえます。

毎月のB／S、P／Lをバランスよくチェックしよう

人にもよりますが、経営者のなかにはキャッシュフロー、通帳の残高だけを見ている人もいるでしょう。もちろん、キャッシュフローを疎かにしたら、それこそ黒字倒産になってしまうので、手元の現預金を把握し、管理することは大切です。

同様に、会社のパフォーマンスが数字としてあらわれる損益を疎かにされても困ります。やはりキャッシュフローと損益の両方とも、きちんと把握してほしいところです。

ですので、会社の流れを毎月見るにあたっては、毎月のB／Sまで見るようにしましょう。

B／Sで借入元本の返済額がわかりますし、すでにお伝えしたとおり、「会社の体型」もB／Sでわかります（具体的な例は、第6章でお伝えします）。

無借金企業なら必要ありませんが、そのような会社は多くありません。

とても簡単にいえば、決算書は年1回、試算表は毎月の健康診断書です。年1回よりも毎月のほうが安心できるのは、いうまでもありませんね。

理想は、経営者が試算表を見たときに、会社の健康状態がわかるようになることです。

5　試算表だからできる、利益の見方

試算表を見れば、最新の利益率がわかる

「試算表を見なくても、決算書を見れば十分だ」という社長も少なくないでしょう。でも、試算表だからこそできる利益の見方があるのです。図表13（88頁）をご覧ください。ある会社の6月末基準で作成した試算表（月次決算書）です。

一番左の前残高は、前月時点の残高です。つまり、ここの数字を見れば、期首から5月末まで月平均でどれだけの利益が出ているのかがわかるのです。そして真ん中の2つ、借方と貸方は当月（6月）なので、最新の月にどれだけの利益が出ていたかがわかります。すると、前月までの平均と比べて当月がどうだったのかが見えるのです。さらに、一番右の残高は当月までの合計なので、当月までの期中平均を見ることができます。くわしくは図表13をご覧いただくとして、全体を見ると、「経費は増えたものの当月の粗利率がよかったため、営業利益は前月までの平均よりもよくなった」とわかります。

このように試算表を見ることで、期中の状況を把握することができることを知っておきましょう。

〔図表 13　ある会社の試算表（月次決算書)〕※６月末基準で作成

令和●年4月～令和●年6月

		勘定科目名	前残高	借方	貸方	残高
営業損益の部	営業収益	売上高	5,000,000		2,500,000	7,500,000
						0
						0
	売上原価	期首商品棚卸高	650,000			650,000
		商品仕入高	1,550,000	660,000		2,210,000
		期末商品棚卸高	700,000	700,000	760,000	760,000
		当期売上原価	1,500,000	600,000		2,100,000
	売上総利益		3,500,000		1,900,000	5,400,000
	販売費及び一般管理費	役員報酬	1,000,000	500,000		1,500,000
		給料手当	900,000	450,000		1,350,000
		広告宣伝費	20,000	10,000		30,000
		旅費交通費	15,000	10,000		25,000
		地代家賃	140,000	70,000		210,000
		水道光熱費	40,000	20,000		60,000
		接待交際費	50,000	60,000		110,000
		保険料	30,000	15,000		45,000
		消耗品費	30,000	70,000		100,000
		減価償却費	120,000	60,000		180,000
		支払手数料	150,000	75,000		225,000
		雑費	5,000			5,000
		計	2,500,000	1,340,000	0	3,840,000
	営業利益		1,000,000		560,000	1,560,000

＜粗利率＞
前残高...2か月平均70%
当月...76%　→　3か月平均72%

＜粗利額＞
前残高...2か月平均175万円
当月...190万円　→　3か月平均180万円

＜経費額＞
前残高... 2 か月平均125万円
当月... 134 万円　→　3 か月平均128万円

＜営業利益額＞
前残高... 2 か月平均50万円
当月...56万円　→　3か月平均52万円

第5章　原価の計算方法を理解しよう

1　売上原価の計算の基本的な考え方

費用収益対応の原則

第4章でくわしくお伝えしたとおり、試算表や決算表における、「利益」には、5種類あります。

そして、この5つの「利益」のうち「売上総利益（粗利）」は、「売上－売上原価」で計算する、1番目の利益です。

この粗利が違っていれば、当然そのあとに続く4つの利益も狂ってしまいます。ですから、決算書類ではない試算表であっても、会社の実態をつかむために、正確な数字であるべきではないでしょうか。

この粗利を計算するうえで重要な要素の1つが「売上原価」ですが、この原価の計算を苦手とする経営者の方々は非常に多いのです。

そこで本章では、「在庫」「原価」「利益」の関係をできるだけわかりやすくお伝えしていきます。

はじめに、会計には、「費用収益対応の原則」というルールがあります。

これは、収益（売上）と費用（原価）は対応させなければいけない、という会計原則のことです。

つまり、売上を上げたらそれに対応させる原価をかならず上げなければいけない、ということを意味します。

これが、費用収益対応の原則です。

在庫の取り方や考え方、計算の仕方をしっかり理解しよう

5つあるうちの最初の利益を決める重要な要素が「在庫」であり、ここはわたしも非常に重要視しています。

「あれ？　ちょっと粗利がおかしいですね」

という話をさせていただいたとき、在庫の計上ミスが発覚することが多いのです。

実際に、正確な数字に修正するために在庫を足したら、もしくは除外したら、利益がどのように変わるのか、理解するのが難しいようです。

翌月になって、

「先生、ごめん。先月の棚卸が少し漏れていました」

と経営者の方から言われることで、前月の影響が今月の損益にあらわれることも少なくあ

りません。

きちんと説明すればご理解いただけるのですが、やはりそう簡単にはわからないようです。

在庫は、最初の利益として算出する売上総利益（粗利）に大きな影響があるものなので、非常に大切なところなのですが、なかなか理解しにくいものなので、できるだけわかりやすく説明します。

簡単にいえば、在庫の計上が漏れていたら売上総利益が小さくなり、ある月で間違えていると、翌月以降にも影響を及ぼします。

在庫を誤って計上することは、よく起こります。

売上総利益率が思っていた肌感覚と異なる場合、見なければいけないのは「売上」、「仕入」、「在庫」の3つだけです。

在庫の取り方や考え方、計算の仕方も、この機会にしっかりと理解しましょう。

会社スタート時の売上原価を計算しよう

以上をふまえて、売上原価の考え方を説明します。

図表14（94頁）をご覧ください。前提は、会社がスタートした段階であり、それ以前は

取引も在庫もないことです。

さて、スタートして1か月目、１０００円の仕入があり、いくらかの売上が立ちました。そして月次の試算表を見ると、１か月目が終わったときの在庫が３００円残っていたとします。

このときの原価は、

「前月末残高 ＋ 仕入－ 在庫 ＝ 原価」

で７００円となります。

１０００円の仕入分のなかから、売上にかかる分は出ていきます。会計上、この出ていった分を算出するために、在庫の計算をするのです。

前月末の在庫に当月末の仕入を加え、月末の在庫の計算（棚卸）を行って、在庫を差し引いた残りが原価となります。

具体的には、前月末残高は会社スタート時のため０円、１０００円分仕入があったので、残った在庫を計算（棚卸）すると３００円でした、ということで、

「０円（前月末残高）＋１０００円（当月仕入）－３００円（在庫）＝７００円（原価）」

となるのです。

この７００円が、売上に対応する「原価」です。

〔図表 14　会社スタート時の売上原価〕

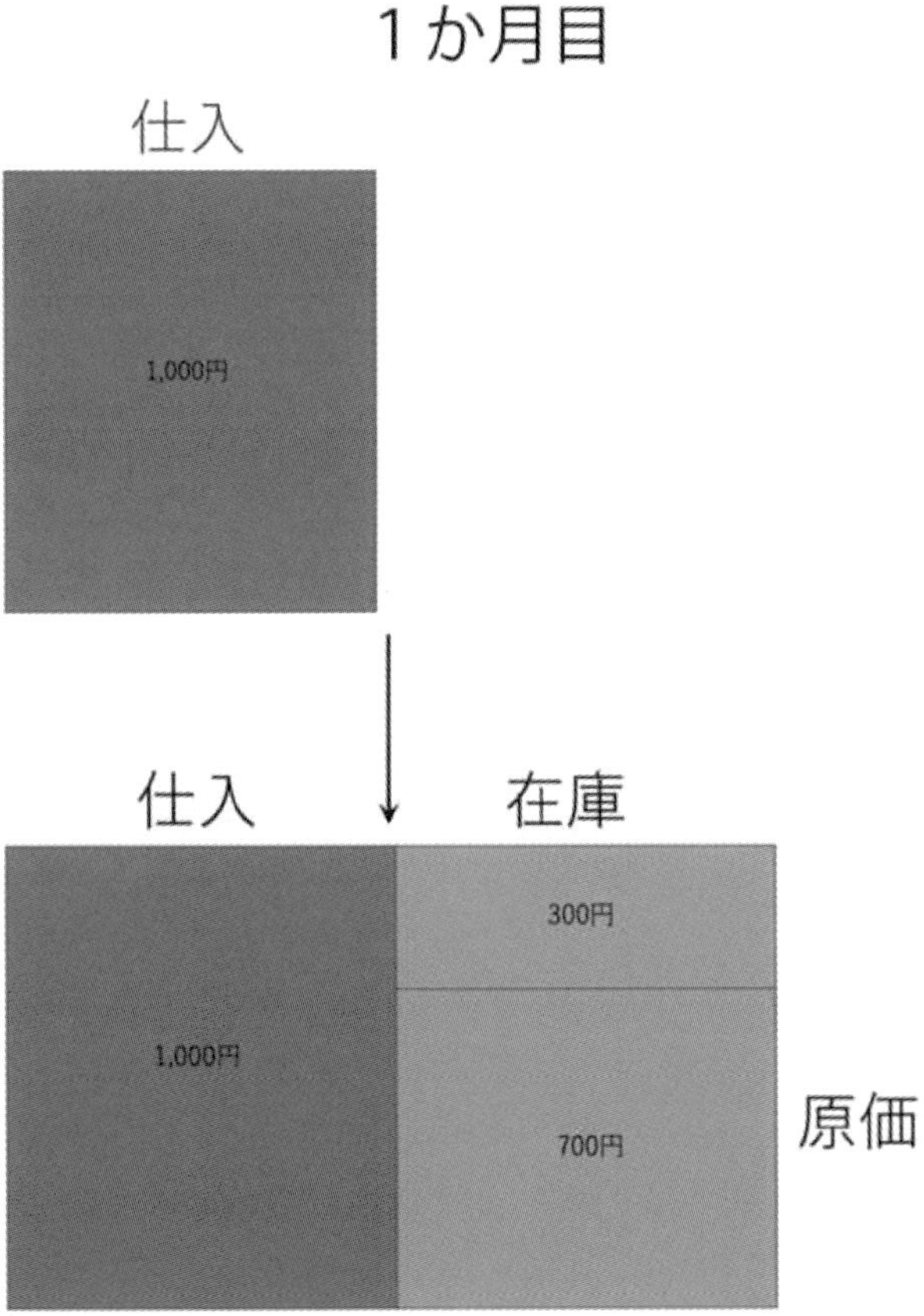

「仕入＝原価」ではない

ここで、費用収益対応の原則をおさらいします。たとえばスタート月、1000円分を仕入をしたものの、売上はゼロで、月末の在庫が1000円のままだったとすれば、次の計算になります。

「0円（前月末残高）＋1000円（当月仕入）－1000円（在庫）＝0円（原価）」

時々あるのは、仕入れればその分が売上原価になると勘違いし、期末に大量の仕入を行ってしまうことです。

いくら仕入れても売上が立っていなければ、1000円が原価となることはあり得ません。売上がゼロで、原価が1000円という計算にはならないのです。

前月在庫がある場合の売上原価の計算

2か月目に入りました。300円の在庫がある状態を引き継いで、新たな月がスタートします。そして、当月は900円の仕入を行いました。月末を迎え、当月の在庫を調べると、400円だったとします。そうすると、

「300円（前月末残高）＋900円（当月仕入）－400円（在庫）＝800円（原価）」

という計算になり、当月の原価は800円になるのです（96頁図表15）。

〔図表 15　前月在庫がある場合の売上原価〕

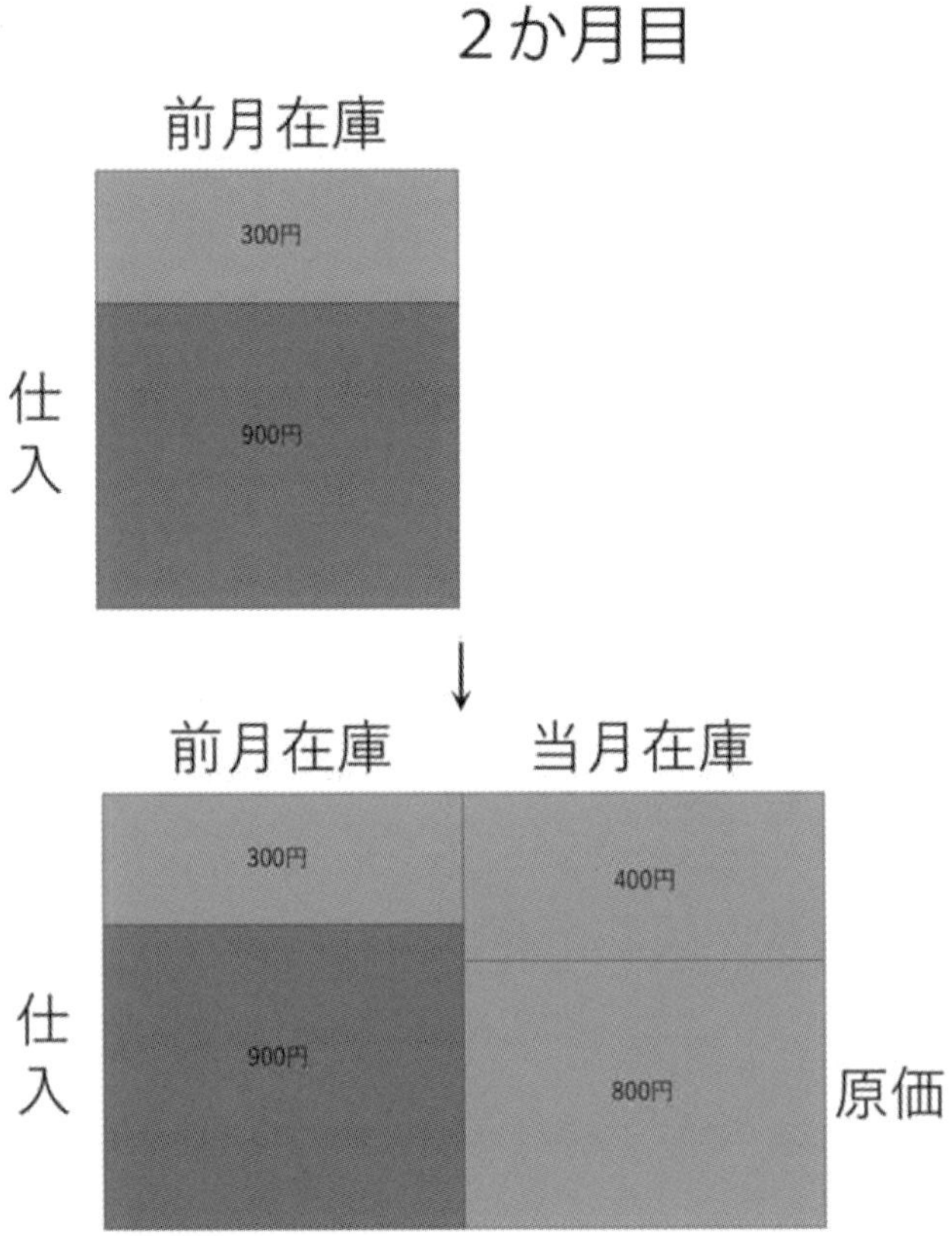

前月末の在庫に当月の仕入を足して、当月末の在庫を引いた差分が、「原価」になります。このようにビジュアルでイメージすると、わかりやすいのではないでしょうか。

2　在庫の取り漏れは売上総利益（粗利）に影響を及ぼす

在庫の計上ミスにより売上原価を誤る例

売上原価の計算は、考え方をイメージも交えて理解すれば、まったく難しくありません。ただ、ここまでお伝えした内容は、棚卸が間違いなく、正確に行われているときの話です。たとえば前月の棚卸を誤って、本来は在庫が３００円のところ、一部を取り漏れて２００円と計上してしまったときは、どうなるでしょうか？

答えは、次のとおり、前月の売上原価が異なってしまいます。

正：０円（前月末残高）＋１０００円（当月仕入）－３００円（在庫）＝７００円（原価）
誤：０円（前月末残高）＋１０００円（当月仕入）－２００円（在庫）＝８００円（原価）

前月の原価が８００円になり、売上総利益が下がってしまうのです（図表16）。

本来の在庫が３００円なのに２００円しか取りきれていなかっただけで、売上総利益（粗利）が１００円下がってしまうのは、計算上、売上原価が上がるためです。

このようなとき、経営者から「いや、そんなに売上総利益が低いはずはないのになあ…。おかしいな」という話が出てきます。

もちろん、逆のことも起こりがちです。

たとえば在庫を取り間違えて400円で計上すると、次のとおりになります。

正：0円（前月末残）＋1000円（当月仕入）
　－300円（在庫）＝700円（原価）

誤：0円（前月末残）＋1000円（当月仕入）
　－400円（在庫）＝600円（原価）

「誤」のように在庫を多く計上すると、原価が600円になるので、売上総利益が上がるのです。

前月末の在庫を間違えると、翌月以降に影響が続く

たとえば前月末の在庫を200円と誤った状態で、当月を迎えました。

〔図表16　在庫を取り漏れた場合の売上原価〕

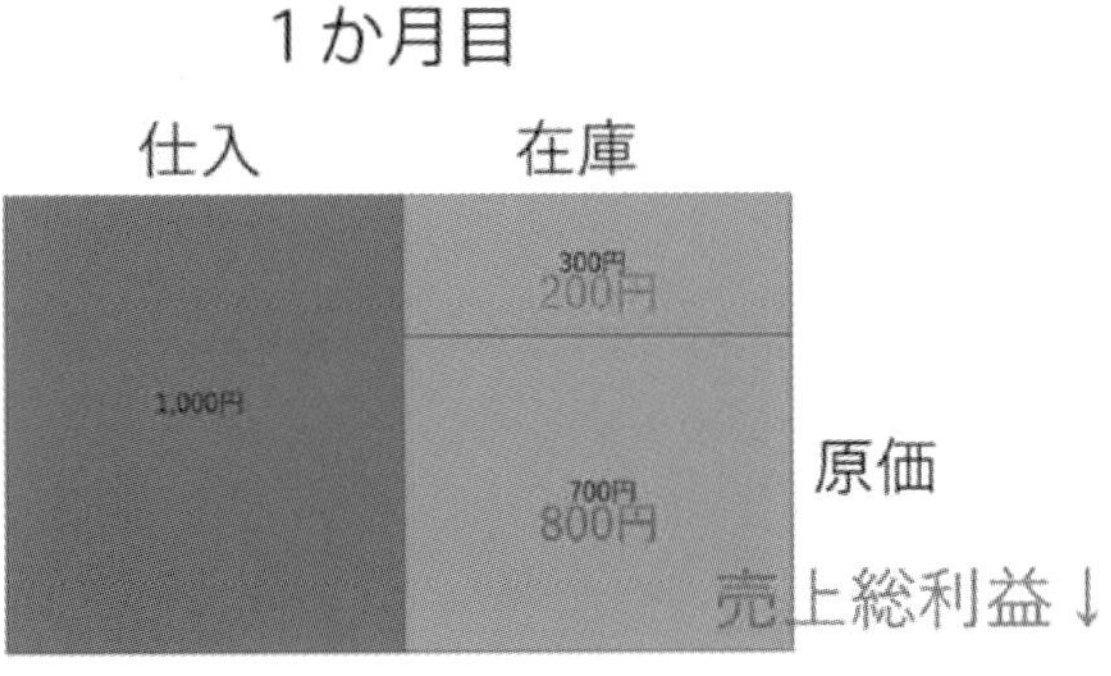

そして900円を仕入、当月末の在庫が（今回は誤らず）400円だったとすると、

正：300円（前月末残）＋900円（当月仕入）－400円（在庫）＝800円（原価）

誤：200円（前月末残）＋900円（当月仕入）－400円（在庫）＝700円（原価）

ということで、売上総利益率が上がってしまいます（図表17）。

こんなとき、経営者の口からは「あれ？　うち、こんなに粗利があったっけ？」という声が聞こえてきます。

前月末の在庫を間違えると、翌月に影響するということです。

誤ったままで放置すると、その影響は先々まで続いてしまうのです。

このしくみ、ご理解いただけたでしょうか？

〔図表17　在庫の取り漏れによる翌月への影響〕

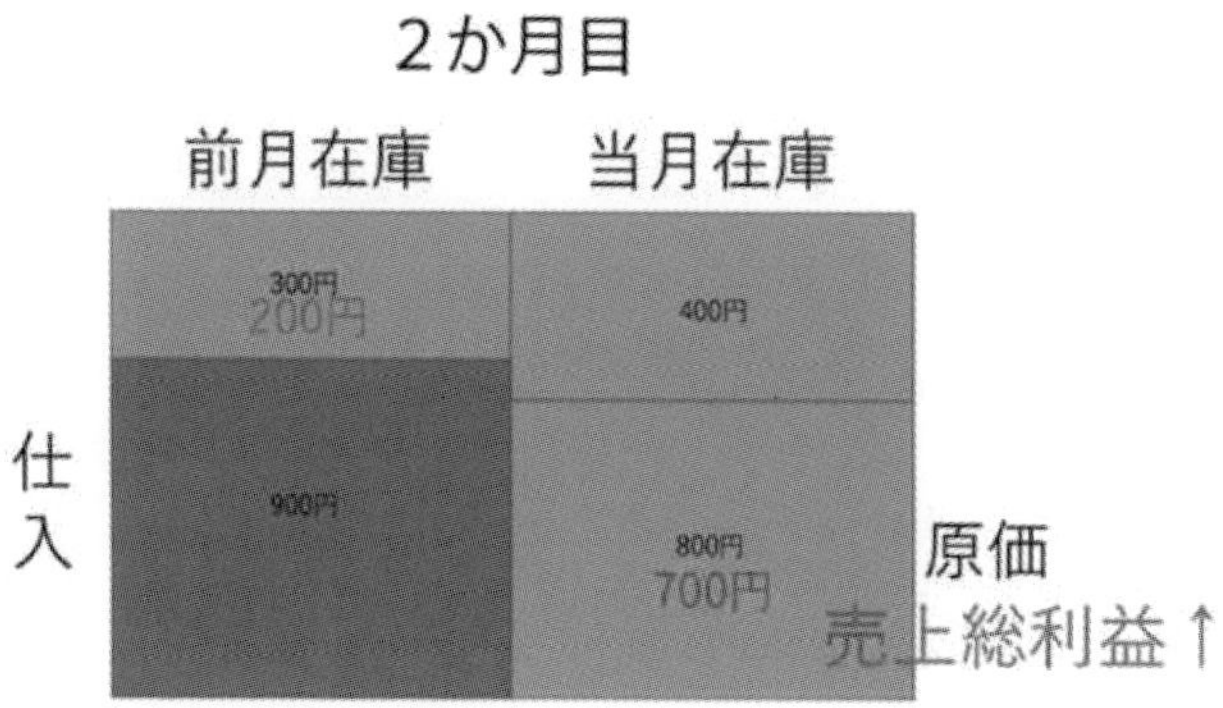

3　試算表を深く見るために

売上総利益に違和感があるときの原因は3つ

すでにお伝えしているとおり、「売上総利益（粗利）」は試算表や決算書で最初に算出する利益であり、ここが誤っていれば、「当期純利益」まですべて誤ってしまいます。

もし試算表を見た肌感覚として違和感があるときは、次の３つのどれかが誤っている可能性があるので、調べる必要があります。

① 売上
② 仕入
③ 在庫

売上総利益を誤るとすれば、原因は「売上」と「仕入」、「在庫」の３つしかありません。なぜなら、計算で使うのはこの３つだからです。

そして、このなかでもっとも多いのは、やはり「在庫」の取り漏れです。

実際にわたしがお客様である経営者の方々とお話しする際は、原価率や粗利率、売上総利益率がどうなっているかという現状をお伝えしたうえで、いつもと異なる原価率や粗利率であった場合「何か間違っていないですか？」と尋ねることがあります。

そして、そのときに「粗利がもっとあるはずだけれども…」といった話が出てきたら、「在庫の取り漏れはありませんか？」と伺うようにします。

売上原価の計算方法を理解する

売上原価の仕訳計上方法は簿記の知識がなければ戸惑われると思いますが、計算方法をご理解いただければ納得していただけるはずです。

本書の目的は試算表を読めるようになることなので、実際の試算表で見るのがいいでしょう。図表14（94頁）・図表15（96頁）の売上原価の例を取り上げます。

まずは、図表14の「会社スタート時の売上原価」、１か月目（前月）です。

期首の在庫（前残高）はゼロなので記載なし、そして仕入が１０００円、月末の在庫が３００円なら、図表19（１０２頁）のとおりになります。

繰越分（期首の在庫はゼロ）に仕入（１０００円）を加えた額から月末の在庫（３００円）を引くと、売上原価（７００円）になります。

図表14で説明した例を試算表で見ると、このようになるのです。

次に、図表15の「２か月目（当月）の売上原価」は、図表20（１０３頁）のとおりです。

繰越分（３００円）に仕入（９００円）を加えた額から月末の在庫（４００円）を引くと、売上原価は８００円です。

表示の仕方は、お使いのシステムによってまちまちです。もちろん、どのシステムで計算しても結果は同じになります。

実際のところ、この売上原価の考え方や計算方法をお伝えすると、経営者の方々は理解してくださいます。

でも、次回お話をする際、お忙しい方々が多いので、忘れてしまうことも少なくありません。

ですから、本書でご紹介した図を「理解」していただきたいと思っています。

言葉にすれば、「前に残っていたもの（前月末残高）に当月仕入れたもの（仕入）を足して、今回残ったもの（在庫）を引いた残り」が売上に対

〔図表19　会社スタート時の売上原価〕
（試算表）

勘定科目名			前残高	借方	貸方	残高
営業	営業収益	売上高			1,000	1,000
						0
						0
	売上原価	期首商品棚卸高				0
		商品仕入高		1,000		1,000
		期末商品棚卸高			300	300
		当期売上原価		700		700
	売上総利益		0		300	300

する原価、ということです。

そして、売上と原価によって、売上総利益が決まるのです。

ここをご理解いただいたほうが身につくのも早いはずで、試算表のフォーマットが変わっても戸惑わないでしょう。「あ、そうか。これがこっちになっているだけの話だな」と対応することができます。

丸暗記をするだけでは、フォーマットが変わったらわからなくなってしまいます。ビジュアルと言葉で理解しましょう。

4　在庫の把握はしっかりと行う

「事務的なミス」と「預け在庫」に注意

売上原価を誤らないようにするには、棚卸によ

〔図表20　前月在庫がある場合の売上原価〕
（試算表）

勘定科目名			前残高	借方	貸方	残高
営業	営業収益	売上高			1,200	1,200
						0
						0
	売上原価	期首商品棚卸高		300		300
		商品仕入高		900		900
		期末商品棚卸高			400	400
		当期売上原価		800		800
	売上総利益		0		400	400

る在庫の計上が非常に大切です。

でも、在庫の相違は頻繁に起こるものです。

もちろんほとんどが、仕入の請求書が漏れていたり、請求書の数量を間違えたり、計上が漏れていたりといったような、単なるミスであることがとても多いのです。

ただ、ミスが起こる原因の1つに、「預け在庫」によるものもあります。

預け在庫は、お客様や仕入先を置き場所にしつつ、所有権が自社にある在庫のことです。置き場所は、外部倉庫や販売委託先などで、製品を委託販売店に預けたり、製造のため部品を仕入先に預けたりするケースが該当します。

たとえば、お客様のところに置いてあるものの、まだ売上が上がっていないものが、預け在庫です。お客様に100個納品しなければならないところ、まだ30個しか届いていないため、売上を立てられないケースなどが該当します。

預け在庫がある場合、自社の倉庫には200個しかなくても実際の在庫が300個だった、といったケースも起こり得ます。

これは、お客様に預けている数量データをとり忘れたか、数字データを間違ったことによって発生するので、注意が必要です。

第6章　あなたの会社は健康？　メタボ？
試算表を視覚で理解する

1　超優良企業の試算表

超優良企業はマッチョ

本章では、視覚的に試算表、決算書をイメージできるようになってほしいので、いくつかのパターンをご用意しました。

たとえば、図表21（１０８頁）の会社は、「超優良企業」といえます。

ご覧いただくとわかるとおり、現預金の比率が高く、借入もほとんどありません。

これは、現金商売をメインに行っている企業の例です。売上がすぐ現預金になるのが特徴です。

一言で表現すれば、「かなりマッチョな、筋肉質な会社」といえます。マッチョな要素は、現預金と純資産と負債の比率です。純資産が約8割で、そのほぼすべてが現預金になっています。

気をつける点があるとすれば、これが食品を扱う企業なら、あまり日持ちしない食物を扱うため、「いかにロスを少なくするか」というところでしょう。

食品を扱う場合、売れ残った分がロスになり、その結果売上総利益が下がってしまいます。

また、長い時間商品を店頭へ置いておくわけにはいきません。破棄しなければいけなくなってしまいます。

売れ残りをつくらないための、さまざまな工夫が必要です。

地道な企業努力が花開けば、近いうちにこのような超優良企業になれるのではないでしょうか。

「贅肉」である固定負債は、利益で返済できているかがポイント

ちなみに、わたしの基準でいえば、贅肉は固定負債、つまり「長期借入金」です。もちろん体には適切な肉も必要ですが、長期借入金が多すぎると、

「ちょっとぶよぶよな体だな」

という見方をすることもあります。

贅肉かどうかは、全体のなかの割合で見るのも大事なのですが、やはり損益との兼ね合いで見ることも必要です。

すでにお伝えしましたが、固定負債が多くても毎月の返済分の利益をきちんと出せているのであれば、会社は回るので、問題ないでしょう。

〔図表 21　超優良企業の試算表イメージ〕

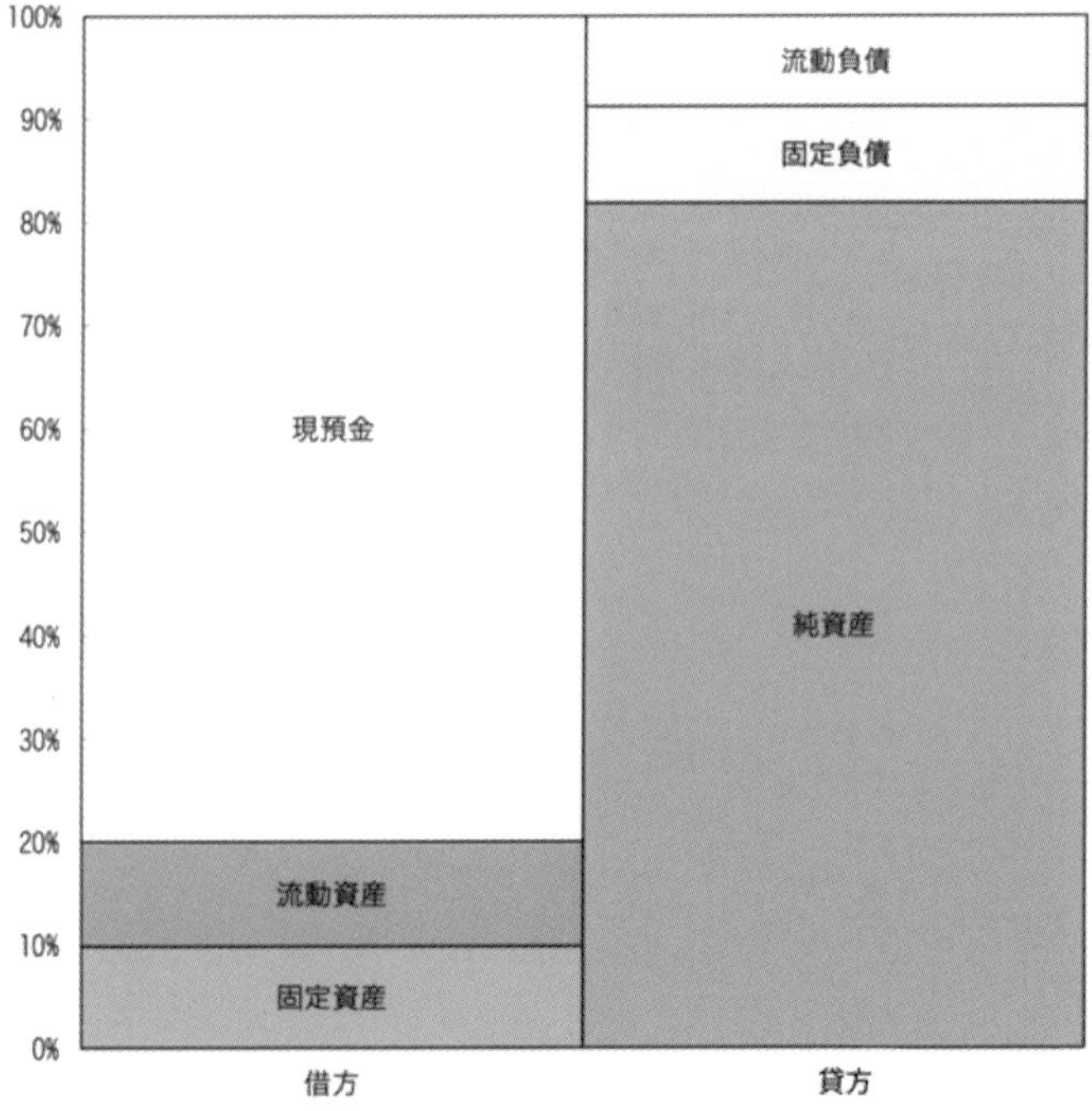

2　債務超過企業の試算表

投資に見合う利益を生まなければ、債務超過に陥ってしまう

図表22（110頁）の会社は、前の会社と打って変わって、大いに問題ありです。どこが問題か、具体的に見ていきましょう。

まず、固定負債が8割を超えていて、流動性が高い資産は現預金と流動資産を合わせても2割未満に過ぎません。

何よりも、債務超過が4割を超えています。

まさに、ぶよぶよ、「メタボの状態」といえます。

問題は、借入金に頼ってしまい、かつ借入金によって返済できるだけの利益を生んでいないことです。

現預金が10％以下であることを勘案しても、利益が生まれていないことは明らかでしょう。

資産のなかでは固定資産の割合がかなり大きいのですが、この固定資産から利益が生まれていないのではないでしょうか。

〔図表 22　債務超過企業の試算表〕

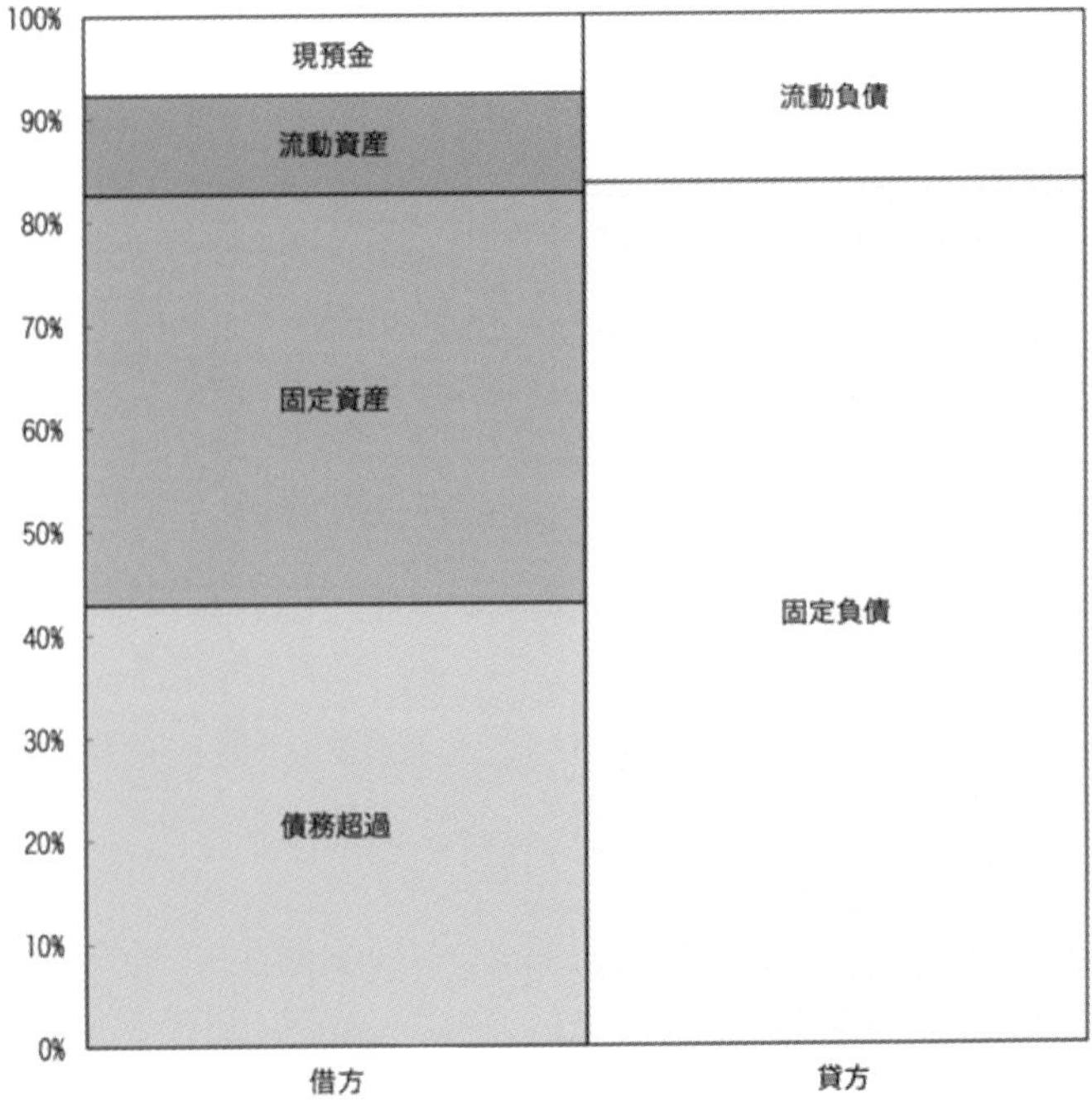

あらためて試算表を見るまでもなく、損益が大赤字になっていることは容易に想像できますよね。

もちろん、借入金の返済ができていれば、会社としては存続できます。でも、すぐに倒産にまでは至らないとしても、「かなり危ない状況」といえるでしょう。

ちなみにこのケースは、新規出店や設備投資にかなり力を入れすぎている企業の例です。新規出店や設備投資に見合う利益が出ていないために、どんどん借入金が膨らんでいるのです。

出店コストが大きいのはもちろん、家賃などの固定費を賄えるだけの売上に至っていないことが、大きな問題でしょう。

現状の改善策は、それぞれのお店にどれだけの利益が必要なのかをきちんと把握し、利益を生める形にしていくことです。

具体的には、１日にどれだけの売上が必要なのかまで落とし込み、無駄な経費を削減するべきです。

このような状態にならないために、無駄遣いをしているところがないかをきちんと確認しましょう。

そのうえで、改善策を取っていくのがいいのではないでしょうか。

3　中肉中背企業の試算表

「流動比率」をチェックしよう

次の図表23（113頁）の会社は、ごく一般的な、バランスがしっかりとれている「中肉中背の会社」といえます。

大きなポイントは、現預金も含めた流動資産の割合が、流動負債を上回っているところです。

1年間以内に返済などで流出する部分を、流動資産で賄えるところが、バランスのいいところといえます。

固定負債よりも現預金のほうが多いため、長期借入金をすぐに返済しても現預金が残る点も含めて、とても評価できるB／Sです。

決算書分析の話も、少しだけしておきますね。

決算書分析で知られているものに「流動比率」という指標があり、これは「流動資産÷流動負債×100」で計算します。

そして、流動比率が100％を下回っていると、流動負債を流動資産で賄えないために、

〔図表23　中肉中背企業の試算表〕

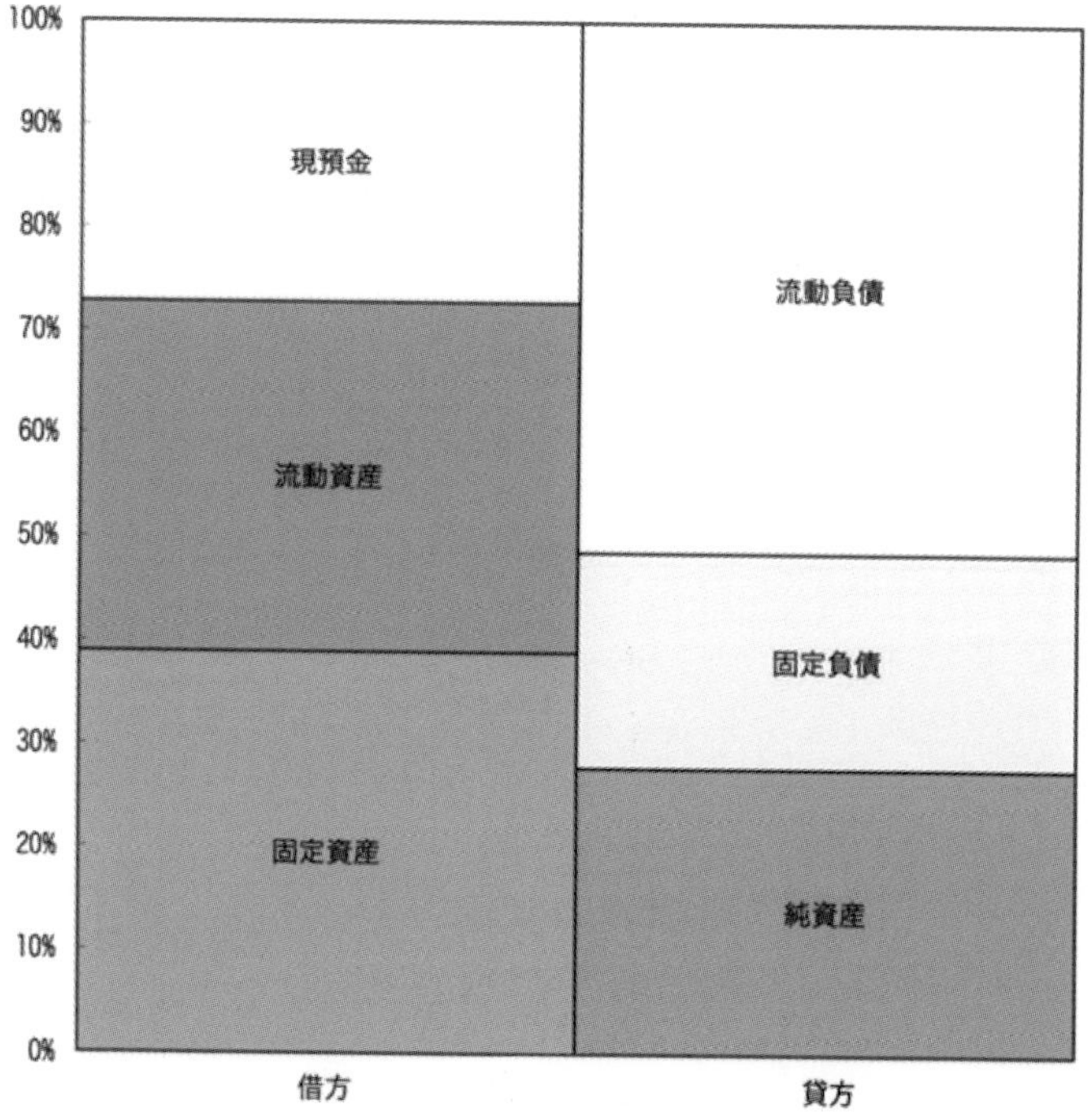

資金不足となる危険性があるとされているのです。

また、100％をギリギリ上回っているくらいでは、取引先の支払いのタイミングがずれることで現金化できなくなり、資金不足が起こりかねないので、決して安全とは言い切れません。

ですから、流動比率は200％以上が理想とされています。

もちろん、何％あれば安全なのかは業種によって異なる部分があるので、一概に断言することはできません。

流動資産の内訳にもよるのですが、まず大事なことは、流動比率をしっかりと見ておくことです。

決算書分析を語ればキリがなく、それは本書の範疇とは考えていません。本書では、基本的な部分をお伝えしているつもりです。

一般的に見れば、歪な形でもB／SとP／Lのバランスが取れていて、経営者の想いが実現できていればいいのではないでしょうか。

もちろん、図表22のような債務超過の状態では駄目なので、改善すべきところは改善しましょう。どんなウエイトで事業を行い、最終的にはどのようにバランスを取るのかは、さまざまな経営者や会社の色があってもいいはずです。

4　やや債務超過企業の試算表

売上につながらない要因は、早急に取り除くべき

次の図表24（116頁）はかなり独特で、現預金と流動資産の比率が全体の9割近いのですが、「やや債務超過になっている会社」のB／Sです。

この会社のB／Sは、在庫過多な企業の例なのです。流動資産がこれほどあるのは、ほとんどが在庫だからです。この例は、在庫が長期間寝てしまっていること、すなわち在庫の回転率が悪いということが最大の問題といえます。

1つ前の例でお伝えした流動比率（112頁）で見れば、現預金が流動負債よりも多いので安全なのですが、「固定負債」つまり長期借入金が多いため、その借入金の返済を賄えるだけの利益を出せているかがポイントになるでしょう。

利益を出せているときもありつつ、出せていない月が多いために、債務超過になっているのです。寝てしまっている流動資産は在庫であり、それを販売できていないことが、最大のネックです。単に流動比率が高いからいい、というわけではありません。流動資産の内訳を考慮し、適切な対策を打つことが求められる場合もあります。

〔図表 24　やや債務超過企業の試算表〕

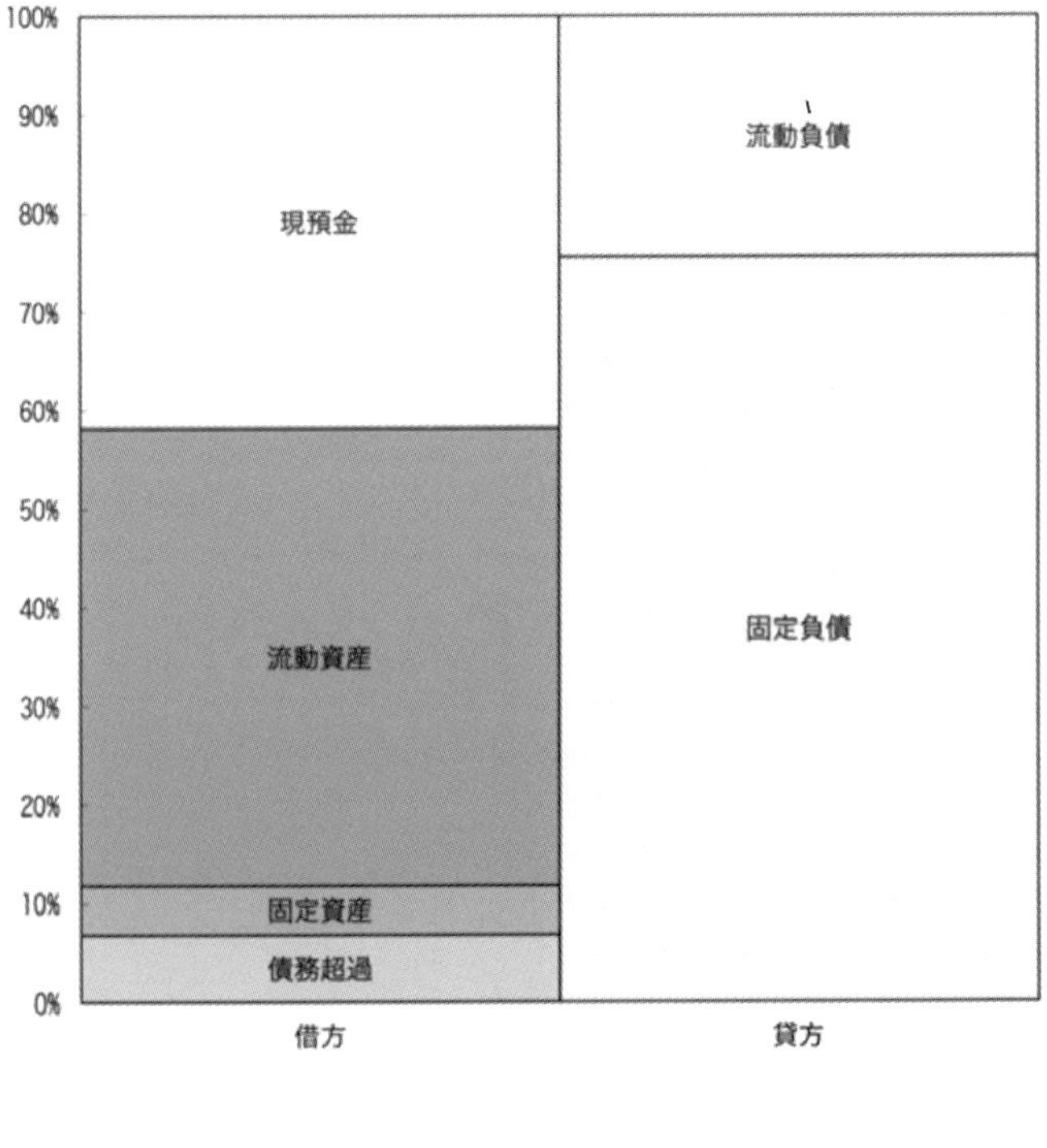

５　一見「危ない？」と思える不動産賃貸業の試算表

固定資産は、それが収益を生むかどうかがポイント

図表25（118頁）は、固定資産と固定負債の比率がとても大きくなっています。

これは不動産賃貸業の会社の例です。不動産への投資を行っているため、固定資産がこれほどまでに大きくなっています。

そして、固定負債はその不動産を取得するための長期借入金です。

一見危なそうに見えますが、固定資産が利益を生んでくれているので、これだけの純資産が立っていて、「とてもいい形である」といえます。

流動資産の比率は全体で見れば低いのですが、流動比率を見ると現預金で流動負債をカバーできているので、まったく問題はありません。

固定資産が８割と、比率で見れば圧倒的に多いのですが、資産がきちんと売上と、利益を生んでくれるものであるかどうかが重要なのです。

不動産賃貸業の注意点は、物件の取得には借入が必要なため、やはり「投資した額に見合った利益を稼げているかどうか」という部分です。

〔図表 25　不動産賃貸業の試算表〕

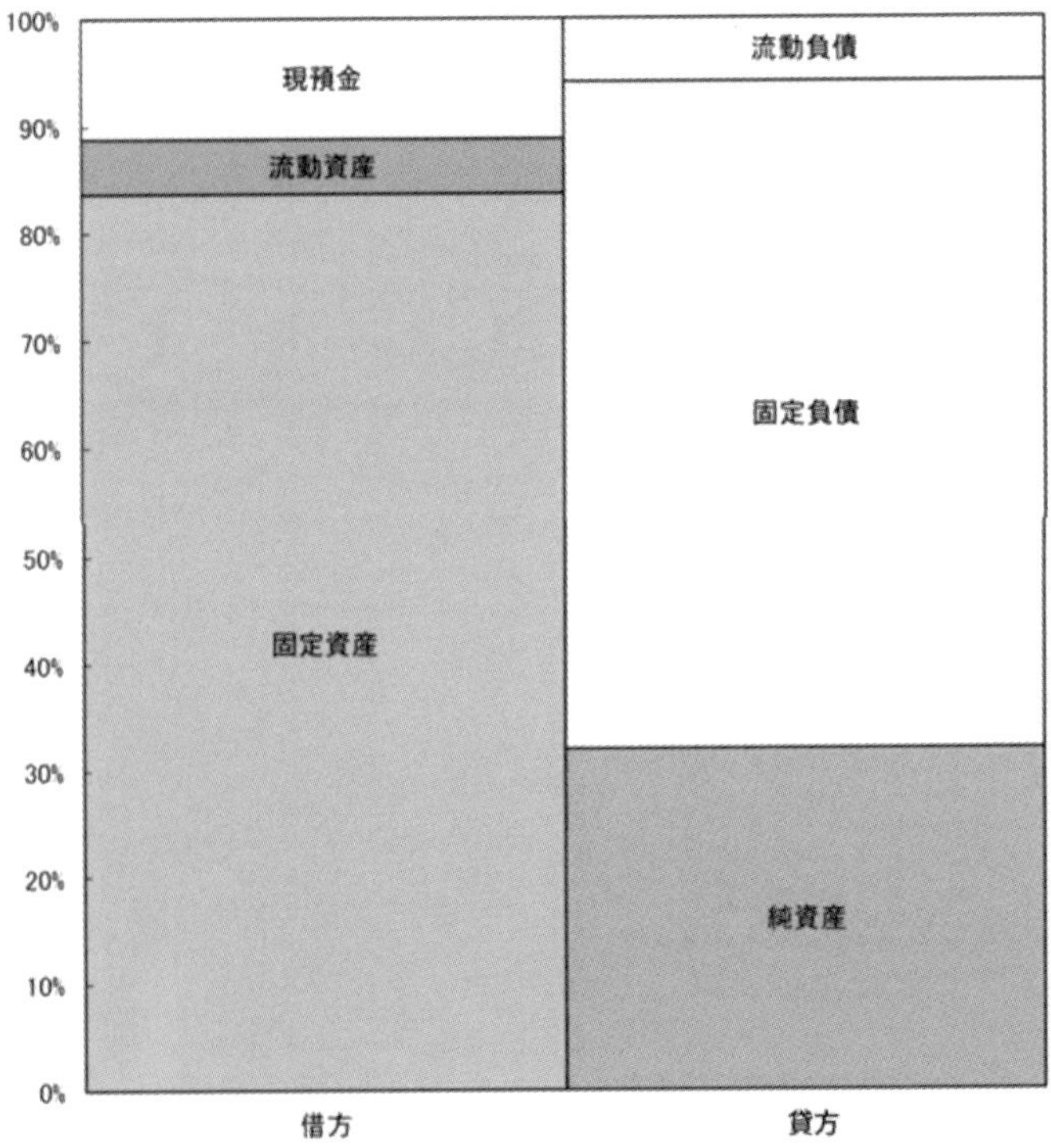

借入の返済額を返済できるか、最初にきちんと試算しなければいけません。そして、その試算どおりに利益を生んでいるかを検証しましょう。

不動産賃貸業は、実際にやってみなければテナントが本当に入ってくれるかどうかがわからないので、前もってシミュレーションしておくことが必要といえます。

ほかには、古い物件なら突発的な修繕が必要となり、ときには大規模修繕といったイベントも発生するので、そのあたりの出費を賄えるだけの利益を生んでいるのかも、非常に重要となってきます。

普段が順調でも、思わぬ出費でマイナスにならないよう、利益をプールしておくことが必要ではないでしょうか。

このように、B／Sをビジュアル化することで見えてくることもたくさんあります。

試算表のB／Sをそのまま見ると、いってしまえば単なる数字の羅列でしかありませんね。でも、ご紹介してきたとおり、資産なら「現預金」・「流動資産」・「固定資産」、負債・純資産なら「流動負債」・「固定負債」・「純資産」に区分して図式化することによって、自社の体型が理解できます。自社の現状把握・経営改善に、ぜひB／Sをビジュアル化してみることをおすすめします。

次頁の図表26の試算表のチェックリストで、貴社の現状把握を始めましょう。

〔図表26　試算表のチェックリスト〕

試算表でチェックする！
あなたの会社の「体格」を見るポイント

●固定負債の元利金返済を、利益で返済できていますか？

●固定資産はきちんと利益を生んでいますか？

●固定負債比率（固定負債÷自己資本）は、同業他社平均を下回っていませんか？

●流動比率（流動資産÷流動負債）は、同業他社平均を下回っていませんか？

●長期間寝ている在庫はありませんか？

●債務超過に陥っていませんか？

※気になることが1つでもあれば、試算表をもとに税理士などの専門家と改善策を探っていきましょう！！

第7章　試算表はここも大事

1　役員借入金はここに注意

役員借入金は「資本と同等」

会社の実態がきちんと試算表に反映されていなければ、実態をつかむことができません。

まずは、実態をきちんと把握することが、大切なのです。

たとえば、会社の資金繰りが厳しいときに、役員（経営者）がポケットマネーなどで補填することがあります。

中小企業の場合、銀行はこの「役員借入金」を資本とみなしてくれる場合があります。

なぜなら、役員からの借入金は、返済の優先順位が最後になるからです。銀行からの借入金は、返済計画に基づいて優先的に返済しなければなりませんが、経営者から借りているお金は、返済が一番後回しになりますよね。

銀行は役員借入金を「資本と同等」とみなしてくれる場合もあるので、試算表でもそのような見方をしたほうがいいのではないでしょうか。

経営者への借入金を、負債ではなく資本へ振り替えた形で見てもらえれば、実際の会社の状態は、大きく変わってくるでしょう。

なお、役員からの借入金を「短期借入金」に置くケースも少なくありませんが、これまでお伝えしたとおり、一年以内に返済するものでなければ、短期の流動負債ではなく、「固定負債」です。

2　仮払金はとくに注意

「仮払金」はあくまでも仮

「仮払金」は、銀行から融資をしてもらう際に評価を下げる可能性がある勘定科目なので、注意が必要です。

とくに決算書上は、「仮払金」のような「仮」という名前がつく勘定科目があるのは、本来はおかしなことです。

経営者の方が使ったお金が「仮払金」に入ってしまっているようなことがあれば、銀行はいい印象を持たないでしょう。経営者が使ったお金を「短期貸付金」に入れると、貸したことがわかってしまうので、それを薄いオブラートに包もうと思って、「仮払金」という勘定科目が使われることがあります。

なぜなら、銀行は「貸付金」という科目にいい印象を持たないからです。お金を借りたいのに貸しているお金があるとすれば、矛盾しますよね。

説明できない仮払金があるときは、早急に対応しましょう。

「現金」が多すぎても、銀行から突っ込まれる

ほかには、「現金」の残高が異様に多いときも、要注意です。

そもそも今のご時世、現金を持つ機会は減っているのではないでしょうか。大きな現金が入ったら、かならず銀行口座に入金しますよね。

B／Sの資産欄の最上部にある勘定科目が現金なのですが、そこに多額の現金残高がある場合、売掛金を回収したために一時的にあるならわかります。

でも、その残高が経常的に残っていれば、怪しく思われるでしょう。なぜなら、使途不明金や経営者への貸付金が「現金」で処理されることもあるからです。

仮払金に残高があったり現金が多かったりする場合は、銀行からかならず聞かれると考えておきましょう。そして、明確な理由を答えられるようにしなければなりません。

なぜならすでにお伝えしたとおり、経営者の方が使っていたり、使途不明金があったりすることを疑われるからです。

経営者に貸しているのなら、短期貸付金を使う方法もありますが、銀行の心象が悪いの

はすでにお伝えしたとおりです。

融資の相談に行くと、「まず、社長さんからお金を返してもらってほしい」という心象を与えてしまうかもしれません。融資をしても、「それをまた社長に流すのでは？」と思われては、お金を借りられなくなってしまいます。

仮払金と現金残高、貸付金の勘定科目は、注意が必要であると知っておきましょう。

3　「1年以内長期借入金振替」の使い方

より精度の高い月次決算を行うために

B／Sの負債は、「1年」を基準に区分されます。決算日から1年以内に返済する負債は「流動負債」、1年を超えて返済する負債は「固定負債」です。これを「ワンイヤールール」といいます。

B／Sの重要な役割の1つは、会社の財政安全性をあらわすことです。

負債はいつか返済する必要がありますが、早く返済する負債が多いほど会社の資金繰りを圧迫することになるため、短期（1年以内）の負債が多いのか、長期（1年超）の負債が多いのかを区分して表示することは、会社の安全性のチェックには有用なのです。

一般的に、契約日から1年以内に返済期日が到来する金銭消費貸借契約（借入契約）は「短期借入金」、一方で契約日から返済期日までの期間が1年を超える借入契約は「長期借入金」とされます。

そして「1年以内返済長期借入金」とは、長期借入金を分割して返済する際、1年以内の返済を予定している分を固定負債から流動負債に振り替えたものを指します。

たとえば、決算日である3月末に返済期間5年で1億円の融資を受けたとします。1年間で返済する金額は2000万円です（借入利率などは割愛）。

借入をした時点でのB／Sは、翌年3月31日返済分の2000万円を「1年以内返済長期借入金」とし、残りの8000万円を「長期借入金」として固定負債に表示します。

そして翌年3月31日時点のB／Sは、その翌年3月31日に返済予定分の2000万円が「1年以内返済長期借入金」として流動負債へ振り替えられ、残りの6000万円が「長期借入金」となるのです。

以後も同様に、固定負債から1年以内に返済される部分（2000万円）が流動負債に振り替えられます。

なお、借入金を「1年以内長期借入金」と「長期借入金」に振り分けた場合、長期借入金の残高は、期中には動きません。

返済が毎月の場合、試算表上の「1年以内長期借入金」は、返済にともなって毎月流動負債の残高が減っていきます。

4　内部留保は現預金ではないと認識する

実態をしっかりと反映したうえで、会社の数字を見よう

よくニュースで「企業の内部留保が…」という言葉が出てきます。

言葉だけを聞くと、企業が現預金のように自由に使えるお金、というイメージを持ってしまいがちですが、実際は違います。

企業が自由に使えるのは、基本的に「現金」「預金」であり、内部留保と現預金は異なるのです。

正確にいうと、内部留保は会社がスタートしてから現在に至るまでに生み出した「当期純損益」の累計額であり、「利益剰余金」とも呼ばれます。

たとえば個人なら、収入のすべてを消費せず貯金等に回したいと思うでしょう。

それと同様に、経営者は利益のすべてを使用せず、将来に備えて手元に留めておきたいと考えます。そのため、配当を支払ったあとの利益を社内に蓄えるのです。

この合計が、内部留保です。

内部留保は、企業を守るために重要な役割を担っています。

内部留保が現預金とイコールになることがないのは、土地や設備など、事業の発展のための資産として使用するからです。

現預金を設備投資に回せば、当然ながら現預金は少なくなります。

「内部留保がたくさんある＝お金がたくさんある」というイメージを持たないほうがいいでしょう。

このように、実態を反映したうえで会社の数字を見なければ、会社の本当の姿を把握することができません。

5　「粉飾」は見破られるものと考えよう

売上をかさ増ししても、どこかに矛盾が生まれるもの

銀行へ融資の相談に行ったとき、試算表や決算書の提出をかならず求められますが、少しでも見栄えのする黒字の決算書を見せたいと思い、粉飾してしまう経営者がごく少数います。

ほとんどの経営者の方はそんなことをしないはずですが、銀行もお金のプロなので、念のためお伝えします。

粉飾決算でよくあるのが、架空の売上を計上することです。ただ、試算表や決算書では、借方と貸方がセットで釣り合わなければならないため、架空の売上を計上しても、それに対応する勘定科目で処理しなければいけません。

たしかに売上が大きくなれば、その分利益も増えるので、見栄えのするＰ／Ｌになるでしょう。

問題は、「売上の相手方を何にするか」ということになります。

「現金」にすると、すでにお伝えしたように過大な現金残高は怪しまれるので、あまり適切ではありません。

「売掛金」で処理すると、売掛金の残高を見られたときに、とてもバランスが悪くなります。

「どうしてこんなに売掛残が残っているんですか？」

と聞かれることになるはずです。

その会社の回収期間、支払い期間はほとんど決まっていて、異常なほど売掛金残高が残っていたら、疑われてしまうでしょう。

銀行の担当者が見たときに、おかしなところがあれば聞かれるもの、と思っておくべきです。

わざわざ粉飾をしようと思う経営者の方はほとんどいませんが、見栄えをよくしようと思っても見破られてしまうことは、認識しておきましょう。

6 「推移表」も最大限活用しよう

月次試算表でわからない部分を「推移表」で把握しよう

月次決算を行って試算表を見れば、当月の売上や利益がわかります。でも、試算表には「異常値を見つけにくい」というネックもあります。

そこで役立つのが、月次損益推移表です。

月次推移表は、勘定科目ごとの金額の動きが確認できる表であり、毎月の売上や経費、利益の動きを一覧で見ることができます。

図表27（131頁）は、月次の損益推移表です。

推移表にはB／SとP／Lがあるのですが、推移表で見るのは、やはりP／Lのほうが多くなっています。

〔図表 27　月次損益推移表〕

損益推移表

自 令和5年1月　　至 令和5年12月

	当期当月までの累計(A)		前期同月までの累計(B)		増減額	比率							
	金額	対売上比	金額	対売上比	A-B	A/B	令和5年1月	令和5年2月	令和5年3月	令和5年4月	令和5年5月	令和5年6月	令和5年7月
売上	10,910	100.0%	10,500	100.0%	410	103.9%	1,500	1,550	1,600	1,540	1,530	1,590	1,600
【純売上高】	10,910	100.0%	10,500	100.0%	410	103.9%	1,500	1,550	1,600	1,540	1,530	1,590	1,600
期首たな卸高	150	1.4%	125	1.2%	25	120.0%	150	140	145	140	150	155	140
仕入高	4,060	37.2%	4,100	39.0%	-40	99.0%	600	610	550	600	650	500	550
期末たな卸高（△）	140	1.3%	150	1.4%	-10	93.3%	140	145	140	150	155	140	140
【当期売上原価】	4,070	37.3%	4,075	38.8%	-5	99.9%	610	605	555	590	645	515	550
（売上総利益）	6,840	62.7%	6,425	61.2%	415	106.5%	890	945	1,045	950	885	1,075	1,050
給与手当	2,100	19.2%	2,100	20.0%	0	100.0%	300	300	300	300	300	300	300
賞与	100	0.9%	100	1.0%	0	100.0%	0	0	0	0	0	100	0
雑給	560	5.1%	500	4.8%	60	112.0%	80	80	80	80	80	80	80
旅費交通費	27	0.2%	30	0.3%	-3	90.0%	5	4	6	5	3	0	4
広告宣伝費	44	0.4%	40	0.4%	4	110.0%	10	5	5	5	10	5	4
運賃	0	0.0%	0	0.0%	0	-	0	0	0	0	0	0	0
リース料	49	0.4%	49	0.5%	0	100.0%	7	7	7	7	7	7	7
役員報酬	2,450	22.5%	2,450	23.3%	0	100.0%	350	350	350	350	350	350	350
法定福利費	70	0.6%	70	0.7%	0	100.0%	10	10	10	10	10	10	10
福利厚生費	24	0.2%	20	0.2%	4	120.0%	5	3	4	6	2	0	4
減価償却費	70	0.6%	70	0.7%	0	100.0%	10	10	10	10	10	10	10
地代家賃	105	1.0%	105	1.0%	0	100.0%	15	15	15	15	15	15	15
修繕費	0	0.0%	10	0.1%	-10	0.0%	0	0	0	0	0	0	0
通信費	52	0.5%	55	0.5%	-3	94.5%	7	8	7	7	8	7	8
水道光熱費	63	0.6%	65	0.6%	-2	96.9%	9	9	9	9	9	9	9
租税公課	1	0.0%	1	0.0%	0	100.0%	0	0	0	1	0	0	0
寄付金	0	0.0%	0	0.0%	0	-	0	0	0	0	0	0	0
接待交際費	50	0.5%	65	0.6%	-15	76.9%	10	5	3	6	9	10	7
保険料	21	0.2%	21	0.2%	0	100.0%	3	3	3	3	3	3	3
消耗品費	44	0.4%	45	0.4%	-1	97.8%	5	4	8	9	7	5	6
支払手数料	70	0.6%	70	0.7%	0	100.0%	10	10	10	10	10	10	10
諸会費	5	0.0%	5	0.0%	0	100.0%	0	0	5	0	0	0	0
会議費	20	0.2%	22	0.2%	-2	90.9%	0	5	3	6	4	2	0
雑費	34	0.3%	36	0.3%	-2	94.4%	3	7	6	5	6	7	0
販売費及び一般管理費計	5,959	54.6%	5,929	56.5%	30	100.5%	839	835	841	844	843	930	827
営業利益（損失）	881	8.1%	496	4.7%	385	177.6%	51	110	204	106	42	145	223
受取利息	1	0.0%	1	0.0%	0	100.0%	0	1	0	0	0	0	0
受取配当金	0	0.0%	0	0.0%	0	-	0	0	0	0	0	0	0
雑収入	14	0.1%	20	0.2%	-6	70.0%	2	2	2	2	2	2	2
営業外収益計	15	0.1%	21	0.2%	-6	71.4%	2	3	2	2	2	2	2
支払利息	35	0.3%	35	0.3%	0	100.0%	5	5	5	5	5	5	5
雑損失	0	0.0%	0	0.0%	0	-	0	0	0	0	0	0	0
営業外費用計	35	0.3%	35	0.3%	0	100.0%	5	5	5	5	5	5	5
経常利益（損失）	861	7.9%	482	4.6%	379	178.6%	48	108	201	103	39	142	220

推移表を見るポイントは、たとえば売上がどう変化しているか、そして前年との対比といったところです。

各勘定科目が横並びで見えるので、突発的な数字が出ているときに、検証することもできます。

月次の試算表における損益計算書は1枚のものなので、ほかの月との比較を1枚で見ることができません。

でも、推移表なら勘定科目ごとに連なって見られるので、数字を流れで追うことができます。

推移表を見るときのポイントの1つは、売上の波を見ていくことではないでしょうか。

業界ごと、もしくは会社独特の季節指数があるため、毎年売上に同じような波が発生します。

そんななか、目標とする売上を達成するには、下がっている時期の売上を上げる策を講じる必要があるでしょう。

たとえば、年末の売上が悪いことが推移表から読み取れれば、年末に向けて何らかの営業活動をすればいいとわかります。

このような形で、推移表を活用すればいいのではないでしょうか。

7　継続的な成長をしていくために

「安定成長」を目指そう

あなたは経営者として、どのように売上アップの目標を立てればいいと考えていますか？

もちろん絶対的な正解はありませんが、わたしは安定成長が一番いいのではないかと考えています。

具体的には、前年比5～10%ほどの上がり幅を続けていくのがいいのではないでしょうか。

50%ほど上がることもありますが、「山高ければ谷深し」で、急激に上がると下がるものです。きちんと積み重ねていく姿勢が必要です。

計画を立て、日々数字を意識することが大切

わたしが実際にアドバイスさせていただく際は、売上アップの目標の前に、計画を立てていただくのを基本としています。計画を立てるのは、「その期が始まる前までに」です。

その前に意識して考え始めるとすれば、期末の2～3か月前が望ましいでしょう。わたしはそれくらいの時期に、「決算検討会」を開くことをおすすめしています。

決算検討会で今期の落としどころ、つまり今期はどれだけの利益が出て、どれだけの税金を収めることになるのかを検討し、そこで経営者が来期を認識するのです。

そうすると、来期も今期と同じレベルの利益を出したいのか、5%アップなのか、それともほかにしたいことがあるのか、といった要望が出てきます。今期を振り返りつつ、来期をどうするか考えるのは、それくらいのタイミングが適切なのではないでしょうか。

計画を立てたら、もっとも大切なのは、試算表を可能な限り頻繁に見ていただくことです。たとえば、月の4分の1である1週間が経ったとき、目標としている売上の4分の1が達成できているか。月の半分の15日になったとき、半分達成できているのか。

達成できていないのなら、「どんな行動に移らなければいけないのか考えましょう」といったことを提案するのです。

わたしは数字を扱う立場であって、その業界の人間ではないため、具体的な営業方法まではわかりません。あくまでも、現状の数字がどうなっているかを理解していただくことに努めています。

数字を毎日見る意味は、できる限り早く対処していただくためです。それこそ大企業は日次決算を行い、毎日勘定を締めているケースもあります。

数字は、見ることができるならば見たほうがいいことに相違ありません。そのほうが、意識できるからです。

食事と体重を記録していくダイエット方法である、「レコーディングダイエット」をご存じでしょうか？　食べたものを書くことで、「これ以上食べてはいけないな」と意識することになり、結果的にダイエットが成功する、という考え方です。

数字も同じことであり、毎日、もしくは1週間に1回ほど見ることで、どれだけ足らないか、何をしていかなければいけないかを経営者が意識することは、とても大切でしょう。

8　売上総利益（粗利）は「業界平均」や「指標」にこだわらなくてもいい

「業界平均」にこだわらなくてもいい

売上総利益は粗利とも呼ばれ、売った分、買った分の差額が出てくる「最初の利益」です。売上に対する粗利率は業種、業態によって異なるのですが、その一方で自社のオリジナリティを発揮できる部分でもあります。

よく経営者の方にお話しさせていただくのは、「あまり粗利率の平均値などを追わなくてもいいのではないか」ということです。

同業他社の粗利率や黒字企業の粗利率などが指標として出されることもあり、そこを目指すようといわれることが多いのですが、わたしはそこを狙わなくていいのではないかと考えています。

「平均値」といわれると、「それが正解だ」といったニュアンスでとらえている人は多いのかもしれません。

たとえば、飲食業は「3割が原価、粗利が7割」というのが正解のように思われて、「うちは35%だから駄目だ」と言う経営者の方もいます。

ただ、平均値はあくまでも会社を寄せ集めて計算したものであり、実際には存在しない会社の数字に過ぎません。もちろん参考にするのはいいのですが、そこを狙いにいく必要はありません。

「想い」を試算表で表現できる経営をしよう

経営者の方々に「なぜその商売を始めようと思ったのですか?」と尋ねると、その方の哲学や会社の経営理念などが出てきます。

会社はそれを実現するための手段であり、その目的を実現することで、お客様に笑顔を与えているのではないでしょうか。

ですから、飲食業の粗利が5割でもいいはずです。そこに、会社の想いやオリジナリティがあらわれるのです。

とある外食チェーンは、原価率が7～8割といわれています。もちろん、飲食業というくくりから見るとそれは異常値であり、普通ではあり得ません。

でも、その会社の想いは、

「料理人さんにいい食材を使ってもらい、制限なく自分の思う素晴らしい料理をさせてあげること」

です。

しかも、それを低価格で幅広い方に食べてほしい、という想いが経営者の方にはあるそうです。

7～8割の原価率を回収する方法は回転率を上げることであり、そのためにゆっくり座れる形ではない客席にしているのです。

このような工夫で、会社がしっかりと続くための利益を上げています。

とても素敵なことだと思いませんか？

つまり、「売上総利益」にはその会社の特徴が出ます。

もちろん、同業他社の数字を参考にするのはとてもいいことで、何らかの改善点が見つかるかもしれません。

「ほかのところの原価が3割で、うちは4割だから、何か改善できるところがあるかもしれない」

という観点で見るのは、とてもいいことです。

でも、たとえば会社の理念が、

「おいしくていいものを提供する」

と謳っているのに、

「うちは4割だから、もっと安い材料にしなければいけないのかな」

と考えては、本末転倒でしょう。

試算表の見方で大切なのは、自社の現状をしっかりと把握し、なぜ現在の粗利になっているのかを理解することです。

試算表を理解したうえで、

「うちの原価は7割だけど、それでいい。なぜなら、うちはほかのお店よりもいい材料を使っているから。うちはそれで売りたい」

と経営者が言えれば、それでいいのではないでしょうか。

9　本当にしたい経営を見つけるために

あなたはなぜその事業を始めたのか

日本人に限った話ではないかもしれませんが、「正解のない問題」に対応できない人が多いのではないでしょうか。

それは、「いい学校へ行けばいい」「いい会社に就職できればいい」といった、世間的にいいといわれてきたことがずっと染みついているからなのかもしれません。

黒字企業の平均の指数などを見て、「これに近づけないといけない」と思う経営者の方は、そんな考えを持っていませんか？

でも、そんなことをする必要はありません。

ある経営者の方が

「経常利益10％を目指します！」

と言っていました。

疑問に思ったわたしは、その方に「なぜ10％なんですか？」と尋ねたところ、「そのほうが経営は安定するから」という答えが返ってきました。

たしかに経常利益が10%あったほうが経営状態はいいとは思いますが、一方で「それは本当にこの人が目指していることなのかな?」とも思うのです。

まわりが言っているから目指すのではなく、本当にご自身がしたいことは何なのかを考えてもいいのではないでしょうか。

わたしがご提案するのは、「なぜこの事業を始めたのか」を改めて考えてみていただきたいのです。そうすれば、ご自身が本当は何を求めているのかが見えてきます。

「なぜその事業を始めたのか?」と問いかけてみましょう。そして、この事業で何を成し遂げたいのかを考えてみましょう。

その答えが「従業員をしあわせにする」であれば、どのような企業になれば、どのような労働環境になれば、従業員がしあわせになるのか、という問いが出てきます。

たとえば、福利厚生を充実させる、今よりも10%給料をアップする…などの答えが出たら、それを達成するための売上や利益が簡単な計算で導き出されます。

他社を参考にすることは重要なことですが、ご自身がなぜこの事業を始めたのかという原点に立ち返り、目標を明確にして、その目標へ突き進んでいってください。

おわりに

最後までお読みいただき、ありがとうございました。月次決算と試算表の重要性を、感じていただけたでしょうか？

本書の結びとして、わたしの昔話をさせていただきます。

わたしが税理士になろうと決めたのは、高校2年生のときでした。わたしは和歌山県の、とある小さな町で育ち、父がその町役場の職員をしていました。

父にはパイロットになる夢があったそうで、自衛隊に入ってパイロットの免許を取り、民間の航空会社へ行こうと計画を立てていました。

ところが父は長男であり、母親の面倒を見なければいけない時代だったので、泣く泣く夢を諦めて、役場に勤めることになったとのことです。

そんな体験もあったせいか、父は兄とわたしに「俺はパイロットになりたかったけれど、家庭環境もあって役場に勤めている。だから、お前たちには自分がしたいことをしてほしい」と言っていました。

そして、「お前たちは、何がしたい？」と小さな頃から聞かれていたので、わたしはずっと、「自分は何がしたいのだろう？」と考えていました。

そして高校2年生の頃、就職をするか進学か、進路を決めるときになって、もう一度真剣に考えました。父のような勤め人はわたしの性に合わないと思い、何か資格を取って、それを仕事にしたいと考えていたときに、友人から税理士という職業があると聞いたのです。当時は税金のことなどわたしの生活には関係がなく、ほとんど知識がなかったので、近所の本屋さんへ走って税理士に関する本を買い、読みふけりました。そして、「自分がしたいのは、これだ！」と思い、父親へ税理士になりたいと告げたところ、とても喜んでいました。それからいろいろなことがありましたが、無事税理士になることができました。

ただ、ある意味税理士になることを目標・目的にしていた部分が多く、実際なってみて初めて自分がどんな税理士になりたいのかについて考えることになったのです。

まわりの税理士は、資産税に特化した人もいれば、お医者様などの得意な分野で活躍している人もいました。

一方でわたしには、それほど得意なものが見当たらず、「何でもやりますよ」というスタンスだったのです。あれほど税理士になりたいと思っていたのに、実際になってみると、自分が何をしたいのか迷っていました。そこで、自分がどのようにお役立ちしたいのかと考え、思い浮かんだのが、本書でご紹介した「試算表」でした。

税理士なら、試算表を読み解くことは誰にでもできますが、本当にきちんと経営者の方々にご理解いただけるよう説明できているのかな、と思ったのです。そこで、試算表と月次決算の大切さ、そして活用法をお伝えする税理士になろうと思い立ち、現在に至っています。

経営者や自営業の方々は、本当に大変な思いをしているとつくづく思います。ご自身がしたいことを商売にして、借入を行い、人も雇うといったリスクを抱えるのは大変なことです。ご自身の能力や得意分野を商売にしてがんばっている方々は、どうしても「守り」の部分が疎かになってしまいがちです。そこでもっとも大切なのは、やはり試算表でしょう。すべての経営者の方々が試算表をご覧になる状況が、わたしのなかでの理想とであるのには、そんな背景もあります。

「数字が苦手…」と言う経営者の方もおられるのですが、そんな方にもこれをベースに、ご自身でも勉強し、情報を取りに行っていただければ、本書を出版した意義もあると思うのです。もちろん、本書にすべての情報を入れられたとは思っていません。ただ、本書をベースにご自身で調べていただける形にはなっているはずです。本書を、「試算表」を活用するきっかけとして、貴社の経営状態を把握する手助けとなりますと、とてもうれしく思います。

小磯 勤哉

著者略歴

小磯　勤哉（こいそ　きんや）

税理士
税理士法人ライカブリッジ　共同経営者

1970年、和歌山県生まれ。

1996年～1999年、大阪市淀川区の会計事務所に勤務、2000年に税理士登録。

2000年～2005年、トステムマネジメントシステムズ株式会社勤務を経て、
2004年に大阪府東大阪市にて小磯会計事務所を設立。

2015年に税理士法人ライカブリッジと経営統合し、現在に至る。


「訪問する税理士」として、毎月顧問先への訪問を欠かさない。

試算表に基づくアドバイスなどがクライアントから好評を得ている。

企画・編集協力　星野友絵・牧内大助 (silas consulting)

自社の経営状態がタイムリーにつかめる
試算表の教科書

2024年6月17日　初版発行

著　者　小磯　勤哉　

発行人　森　　忠順

発行所　株式会社 セルバ出版
〒113-0034
東京都文京区湯島1丁目12番6号 高関ビル5B
☎03（5812）1178　　FAX 03（5812）1188
https://seluba.co.jp/

発　売　株式会社 三省堂書店／創英社

〒101-0051
東京都千代田区神田神保町1丁目1番地

印刷・製本　株式会社 丸井工文社

ISBN978-4-86367-874-3